I0407144

CRECIMIENTO INFANTIL

Guía para padres, maestros y profesionales acerca del

crecimiento psicológico de los niños

Alberto Tcah, LMHC

Dedicado a todos los padres y los niños que compartieron
sus preocupaciones conmigo

Dedicado a todos aquellos que siempre me han apoyado

TABLA DE CONTENIDO

PREFACIO

Tener hijos y ayudarlos a crecer son los acontecimientos más importantes y trascendentes en la existencia de los seres humanos. Nos maravillamos viendo sus cambios físicos y emocionales, ser testigos de sus logros, de los cambios que ellos viven, y cómo sus personalidades se van formando.

El mundo de hoy es cada vez más complejo y exigente, y ahora solamente buenas intenciones no son suficientes para criar, educar o tratar médicamente a un niño. Es fundamental para los padres, como así también para todos los profesionales que trabajan con los niños, informarse y educarse en todos los aspectos de su crecimiento. El conocimiento de las distintas habilidades que el niño va adquiriendo en su desarrollo motor, emocional, cognitivo y social, puede otorgar, a todas las personas que se dedican a su crianza, educación y salud, los criterios para tomar decisiones importantes que los lleve a un triunfo total.

Usted, como madre, puede preguntarse ya sea pre o post parto, como así también durante el embarazo, preguntas claves como ser: ¿qué hacer o no hacer, antes de quedar embarazada?, ¿qué hacer o no hacer, durante el embarazo?, ¿qué esperar que ocurra durante las diferentes edades en el desarrollo motor, cognitivo, social y emocional de mi niño?, ¿si hay un retraso en cualquiera de las áreas del crecimiento, tengo que alarmarme?, ¿qué influye positiva o negativamente en el desarrollo del niño?, ¿en qué puedo contribuir en el desarrollo sano, funcional y productivo de mi hijo?, mi intervención en distintos aspectos del crecimiento de mi niño ¿puede acelerar el proceso de crecimiento?. Si Ud. es un/a profesional trabajando con el niño, ya sea a nivel educativo o médico, las preguntas que pueden surgir pueden ser similares a los de los padres, especialmente cuando ve significativas dificultades en el desarrollo de las distintas habilidades, como así también en su conducta y/o estado emocional.

El propósito de este libro es el de brindar a los futuros y presentes padres, como así también a los educadores y los médicos pediatras, los conocimientos básicos y fundamentales sobre la evolución motora, emocional, conductual, cognitiva y social durante las diferentes edades, los trastornos psicológicos diagnosticados en la infancia, y además orientarlos para que la implementación de la ayuda y la transición en las diferentes edades sea exitosa.

Sin duda existen variantes en los distintos períodos que atraviesa el niño en su crecimiento. Ya sea en las habilidades cognitivas, la adaptación social, el desarrollo motor, emocional, o en la conducta, los seres humanos somos el resultado de una compleja interacción de numerosos factores.

En el caso de encontrarse con dificultades o sospechar de algún problema, los resultados de la interacción de estas variantes pueden evaluarse usando un gran número de exámenes psicológicos. Estos exámenes fueron desarrollados de manera científica con extensos grupos de niños de distintas edades, y permiten evaluar el funcionamiento del niño en las diferentes áreas del funcionamiento en comparación con un gran número de niños de la misma edad o grado académico.

Al evaluar las habilidades o las dificultades emocionales y/o conductuales de nuestros hijos, los distintos tipos profesionales, ya sean terapistas ocupacionales, terapistas del habla, maestros, analistas de conducta, o psicoterapeutas, pueden identificar las áreas de dificultad en el funcionamiento, y así crear programas de tratamiento, con el fin de asistirlos ayudándolos a confrontar las dificultades, mientras que simultáneamente pueden ayudarlo a incrementar sus habilidades naturales.

Hay una frase que dice: "Dime de dónde vienes y te diré adónde vas." Lo mismo con un niño. Al analizar la evolución de las diferentes habilidades de nuestro niño, estimularlos y educarlos en lo que se espera para el futuro desarrollo, los psicoterapeutas los ayudamos "mostrándole el camino", creando un ambiente en el que se le proveen estímulos, se le da consejos, se le presenta opciones para crear el sentido de auto determinación, y así construir su autoestima. Por otra parte, los niños son como los árboles o los edificios: si tienen una base y estructura fuerte tendrán mejores posibilidades de confrontar los contratiempos o dificultades que se les pueda presentar durante el transcurso de la vida. La cooperación de los padres es imprescindible para el máximo progreso.

En mi experiencia profesional con un extenso número de niños de distintas edades, me he quedado a veces asombrado de la falta de conocimiento de los padres sobre el proceso de crecimiento de sus hijos. Las madres siempre se ven preocupadas por las diferentes dificultades que experimentan sus niños, pero la mayoría no han encontrado la oportunidad de poder educarse, y consecuentemente se encuentran desorientadas e incapaces de encarar el problema organizando un plan de ayuda. En algunos casos, los padres, maestros o médicos desconocen saber detalles del trastorno psicológico diagnosticado al niño, o cuál es la implicancia de los síntomas en su crecimiento.

Finalmente, me gustaría señalar la importancia de construir una relación con profesionales que se especializan en la educación y en la salud de los niños. La ayuda profesional les provee las herramientas de capacitación y les proveerá un plan de acción para orientar, estimular y apoyar. Ya sea un médico pediatra, un psicopedagogo, un psicólogo infantil, un terapista ocupacional, o un maestro, ellos pueden evaluar, asesorar y/o tratar conjuntamente al niño, convirtiéndose en los más preciados aliados de los padres.

Éste libro trata algunos temas relacionados al desarrollo infantil exclusivamente desde el punto de vista de la psicología. El primer capítulo provee información sobre los distintos aspectos a considerar antes y durante el embarazo. El segundo capítulo describe el crecimiento motor, cognitivo, social y emocional durante las distintas edades. El tercer capítulo explica el origen de las emociones y la psicopatología. El cuarto capítulo describe brevemente los trastornos de la regulación de las emociones, incluyendo los distintos tipos de depresión y ansiedad. El quinto capítulo describe los trastornos generalizados del desarrollo. Como ser el autismo, entre otros. El sexto capítulo explica otros trastornos que se diagnostican a los niños. El séptimo capítulo describe los trastornos del aprendizaje. El octavo capítulo trata trauma y los trastornos psicóticos en los niños. Finalmente, el noveno capítulo provee una breve descripción de las zonas cerebrales que están relacionadas a las distintas emociones y conductas. He tratado de usar un lenguaje de fácil comprensión para así ayudar a aquellos que no están familiarizados con la terminología a incrementar el conocimiento. Espero que éste libro le ilumine el camino, así como sea de ayuda para que su hijo, alumno o paciente crezca de manera positiva y se convierta en un ser humano ejemplar.

CAPÍTULO UNO

INFORMACIÓN A CONSIDERAR AL TENER UN NIÑO

Qué maravilla, voy a tener un niño.......¿Qué hago?

Desde el momento en que recibe la noticia, Usted empieza a sentir una multitud de emociones y tener dudas. Desde la alegría hasta la ansiedad, Ud. sueña con un futuro de una familia alegre y comienza a preguntarse qué es lo mejor para hacer y cuáles son los próximos pasos a tomar.

No hay duda, tener un niño, educarlo y cuidar de su salud física y mental son los compromisos más importantes en la vida de uno. Ya sea planeado o no, la realidad es que un ser humano está en camino de ser un mini mundo con emociones, pensamientos, habilidades y características que le son propios, y lo convierten en una persona única en el contexto del universo.

Usted y/o su marido, probablemente, compartirán con sus amigos y sus familiares la noticia del próximo arribo. Su círculo íntimo de amistades es probablemente la mejor fuente de información en la búsqueda de profesionales y los pasos a tomar, como así también encontrar un centro de preparación para el parto o un médico. Una madre y/o padre educados, así como cualquier otra persona que asiste en los diferentes aspectos del crecimiento del niño, ya sea físico, emocional, cognitivo y educacional, son los que le otorgan la máxima oportunidad al niño de un desarrollo extraordinario.

Hay muchos elementos que influyen en el óptimo desarrollo del niño. El crecimiento y la evolución de un niño comienzan antes del embarazo. La existencia de trastornos mentales en los parientes cercanos del niño, el tejido genético de los padres, el abuso de substancias por parte de sus padres (antes y durante el embarazo), la nutrición de la madre durante el embarazo, el medio ambiente, como así también muchas otras variantes, tienen una influencia en el feto y el futuro niño.

La genética es el estudio de la herencia biológica, el proceso en el cual un padre o madre transmite sus genes a los hijos. Las condiciones genéticas son aquellas causadas por una formación diferente de un gen llamada "variación", o una alteración de un gen, llamada "mutación". Muchas enfermedades o condiciones mentales pueden tener un origen o relación genética y en muchos casos pueden ser hereditarios. Un gen mutante puede ser transmitido a través de la familia, y cada generación de hijos puede heredar el gen que causa una enfermedad, trastorno y/o síndrome.

Los seres humanos estamos íntimamente relacionados a nuestro material genético, por lo tanto hay varios temas que es bueno considerar al momento del embarazo, a saber: 1) Las condiciones médicas crónicas existentes en los seres cercanos de la familia (padres, hermanos, primos, tíos, etc.), como por ejemplo Diabetes, Fibrosis Quística, Hemofilia o Asma. 2) Las condiciones neurológicas en los seres cercanos de su familia, como ser el trastorno de déficit de atención e hiperactividad o trastornos de desarrollo como ser el autismo o las ataxias hereditarias, las cuales son un conjunto de enfermedades neurológicas hereditarias que afectan el cerebelo, la médula espinal, las vías espino-cerebrales y, habitualmente, los nervios periféricos, caracterizándose en un síndrome atáxico con incoordinación motora central y de las extremidades.

Otros trastornos genéticos se deben a problemas con el número de cromosomas. Por ejemplo, la apariencia física de una persona, incluyendo la estatura, el color del cabello, de la piel y de los ojos, está determinada por los genes. Además, hay otros aspectos del desarrollo humano que son afectadas por la herencia genética, como ser la probabilidad de contraer ciertas enfermedades, capacidades mentales o talentos naturales. Algunas anomalías que se pueden transmitir de padres a hijos, pueden incluir: a) aquellas que no tengan ningún efecto en el bienestar médico como ser un mechón de cabello blanco o el lóbulo de la oreja agrandado, b) tener un mínimo efecto como ser el Daltonismo, o sea, la dificultad en distinguir los colores, o c) un efecto dramático en el desarrollo de la calidad y extensión de la vida de la persona, como por ejemplo, el síndrome de Down, el cuál es el resultado de una copia adicional del cromosoma 21.

Es importante hacerse los siguientes cuestionamientos cuando una/o considera tener un niño o está embarazada:

- ✓ Hay antecedentes en mi familia de anomalía cromosómica.
- ✓ Soy portador/a de una anomalía cromosómica.
- ✓ Tengo otros hijos con anomalías cromosómicas.
- ✓ Tengo antecedentes familiares de enfermedad genética.
- ✓ Tengo antecedentes familiares de defectos congénitos.
- ✓ Tengo historia familiar de retraso mental.
- ✓ Tengo historia familiar de enfermedad neurológica.
- ✓ Tengo historia de cáncer familiar.
- ✓ Tengo problemas de fertilidad.
- ✓ Si he tenido abortos recurrentes, cuál fue la causa.
- ✓ Si tengo más de 35 o 50 años de edad, qué evaluaciones adicionales conviene hacer.
- ✓ Es apropiado hacer pruebas de riesgo bioquímico de cromosomopatías.

✓ Es conveniente y/o apropiado hacer las pruebas de diagnóstico prenatal.

✓ Es conveniente y/o apropiado hacer las pruebas de diagnóstico genético.

✓ Es apropiado informarme sobre los riesgos de la exposición a virus, fármacos, radiaciones, etc., durante el embarazo.

✓ Si tengo dificultad en concebir, como es posible recibir información sobre las distintas pruebas en reproducción asistida.

Si existe alguna duda de la probabilidad de la existencia de un trastorno genético en su niño, se recomienda asesoría genética o pedir un diagnóstico prenatal.

Tipos de sangre no compatibles: los tipos de sangre conocidos son A, B, O, y AB Cada uno de estos tipos de sangre puede ser RH-positivo o RH-negativo. Si la sangre del padre es RH-positivo y el de la madre es RH-negativo, el feto puede ser RH-positivo. Si la sangre del feto llega a ser RH-positivo y el de la madre es RH-negativo, el sistema inmunológico puede producir anticuerpos que atacan al feto, resultando en muerte fecal o aborto involuntario, anemia, ictericia, daño cerebral, defectos en el corazón, o la muerte del niño al momento de nacer.. En general, el primer bebé no presenta riesgo, pero el riesgo se incrementa a medida que el número de embarazos aumenta. La vacuna RhoGAM puede ser dada a la madre tres días después del nacimiento del primer niño para prevenir que el cuerpo cree anticuerpos en futuros embarazos. Además, los bebés afectados por la incompatibilidad RH pueden recibir transfusiones de sangre antes y después del nacimiento

Enfermedades de la Madre: algunas enfermedades de la madre o infecciones pueden crear defectos:

RUBEOLA: la Rubeola puede causar defectos en los niños. Se recomienda que la madre se haga un examen sanguíneo antes del embarazo para evaluar si está inmune a la enfermedad.

SÍFILIS: puede crear problemas en el desarrollo de los sistemas nervioso y gastrointestinal del feto.

HERPES: los bebés se contagian y contraen herpes en el momento de nacer a través del conducto vaginal, por eso se recomienda el nacimiento por cesárea a los niños cuyas madres tienen herpes.

SIDA: una madre con Síndrome de Inmunodeficiencia Adquirida puede infectar a su feto durante el período de gestación a través de la placenta, durante el período de nacimiento a través de la sangre materna y fluidos corporales, y luego del nacimiento a través de la lactancia materna.

CÁNCER: esta enfermedad no ocurre frecuentemente durante el embarazo, pero puede suceder. Los cánceres más comunes en el embarazo son el de mama, de cuello uterino, linfoma, melanoma o un tumor trofoblástico de la gestión (cuando no hay ningún desarrollo luego de la unión de un esperma y un óvulo). El cáncer raras veces afecta al feto, y algunos tratamientos son efectivos y seguros durante el embarazo. La madre y su médico evaluarán el mejor tratamiento. Las opciones que tendrá que evaluar junto al médico dependerán de cuán avanzado esté el embarazo, así como también el tipo, tamaño y grado del cáncer.

Dieta materna y nutrición: Cuando una mujer está embarazada "comer por dos" es una expresión incorrecta, puesto que la madre también respira y bebe por dos. Si la madre fuma o consume alcohol o drogas, también lo hace el feto. Si la mujer embarazada fuma o consume alcohol o drogas, es recomendable que busque ayuda inmediatamente. El médico puede recomendarle a la madre programas para ayudarla a dejar y rehabilitar de las sustancias nocivas.

En primer lugar, no fume. Si fuma durante el embarazo la nicotina y las sustancias generadoras de cáncer son transmitidas al bebé, afectando la evolución sana del aparato respiratorio, creando trastornos neurológicos como también impidiendo que el bebé reciba los nutrientes necesarios. Además, aumenta el riesgo de nacimiento sin vida, como así también provocar nacimientos prematuros.

El embrión o el feto reciben su nutrición a través de la sangre de la madre. Es muy importante la calidad de las comidas, así como también la cantidad de calorías ingeridas por la madre. Diferentes investigaciones han concluido que madres que comen excesivamente tienden a tener bebés obesos al momento del nacimiento. Otras investigaciones demostraron que madres excesivamente obesas antes del embarazo incrementan el riesgo de tener niños que nacen muertos o mueren poco después del nacimiento, y estos hallazgos fueron relacionados a defectos en el sistema nervioso central de los niños.

Alcohol: Siempre se recomienda a la madre no beber alcohol pues puede tener un efecto devastador en el feto. El resultado puede ser un niño que sufre el FASD (por sus siglas en inglés Fetal Alcohol Spectrum Disorder, o sea Trastorno del Espectro Alcohólico Fetal). Los niños con estos trastornos muestran defectos en la cara y en las extremidades, deformaciones o mal funcionamiento del corazón, tienen dificultades de aprendizaje, así como trastornos del funcionamiento de la memoria. No existe alcohol que sea sano para una mujer embarazada. El alcohol puede causar problemas físicos y de conducta para toda la vida en los niños, inclusive el síndrome de alcoholismo fetal.

Cafeína: ya sea en su té, café, algunos medicamentos, las bebidas gaseosas o en el chocolate, todos estos productos contienen cafeína. La cafeína se metaboliza más lentamente en la mujer embarazada y atraviesa la barrera placentaria que protege al feto, pudiendo causar un aborto espontáneo. El consumo de cafeína durante el primer trimestre de embarazo ha sido asociado con un mayor riesgo de aborto espontáneo

Nicotina: Fumar durante el embarazo puede tener un efecto negativo en el desarrollo, el nacimiento y el desarrollo post-natal. Puede causar nacimiento antes de término, síndrome de muerte súbita infantil, bajo peso al momento del nacimiento, y el trastorno de déficit de atención e hiperactividad.

Ácido fólico: De acuerdo a la investigación, la falta de ácido fólico puede resultar con problemas en el sistema nervioso, como Espina Bífida, una malformación congénita del tubo neural. La espinaca y el jugo de naranja son ricos en ácido fólico.

Pescado: en el pasado se recomendaba comer pescado durante el embarazo, desafortunadamente, y por la polución global, ha pasado a ser una comida con riesgos para el feto. En los últimos años se ha encontrado una cantidad excesiva de pescados contaminados con mercurio, el cuál puede afectar al cerebro del feto en desarrollo.

Drogas: El consumo de drogas, ya sean legales como ilegales, puede dar como resultado bebés con poco peso, con defectos congénitos o con una falta de crecimiento y desarrollo después del nacimiento. El uso de las anfetaminas durante el embarazo, la cocaína, la heroína, las drogas que son llamadas "de club", los inhalantes y la marihuana, pueden tener un efecto devastador en e desarrollo del feto y el niño. Sus efectos pueden ser vistos en diversos aspectos del desarrollo motor, cognitivo, neurológico y emocional.

La metanfetamina es una droga estimulante muy adictiva. El clorhidrato de metanfetamina, la forma cristalina inhalada al fumar, se conoce en español como hielo, cristal o vidrio. Otras variaciones son conocidas en español como tiza, anfeta o meta. Las personas que abusan de esta sustancia pueden volverse adictas rápidamente y necesitan dosis más frecuentes y más poderosas para recibir los mismos efectos experimentados en la primera vez. Los efectos adversos para los niños incluyen una arritmia cardíaca, un aumento de la presión arterial y una variedad de problemas cognitivos, neurológicos y emocionales. Los efectos a largo plazo pueden incluir un bajo peso al momento de nacer, trastornos mentales y de conducta severos, la pérdida de la memoria y problemas dentales severos.

La cocaína es una droga poderosa que estimula el cerebro. Las personas que la consumen pueden desarrollar una fuerte adicción. A medida que se va abusando, la persona necesita consumir cada vez más droga para estimularse. Se puede encontrar en forma de polvo blanco y fino. Existen dos formas de cocaína: la sal de hidroclorato y los cristales de cocaína (crack). La sal se disuelve en agua, y las personas pueden inyectársela en una vena o inhalarla por la nariz. Los cristales pueden fumarse. La forma de la cocaína que se fuma es conocida como crack. Independientemente de la forma en que se consuma, la cocaína es peligrosa. Hay evidencia que el uso de cocaína durante el embarazo puede resultar en un bajo peso del niño al momento del nacimiento, el tamaño de la circunferencia del cráneo es generalmente más pequeño, excitabilidad, problemas cardíacos, los reflejos son generalmente más débiles durante los primeros meses de vida, la alteración en el desarrollo motor, una alteración en el desarrollo del habla, el trastorno de déficit de atención e hiperactividad, efectos respiratorios, problemas en el aparato digestivo, como así también problemas neurológicos y emocionales.

La heroína es una droga que proviene de la morfina, una sustancia natural que se encuentra en el capullo de la amapola o adormidera asiática. Generalmente, la heroína se presenta como un polvo blanco o de color similar al café. La heroína puede inyectarse, fumarse o inhalarse. Los principales problemas de salud causados por la heroína incluyen abortos, infecciones cardíacas y muertes por sobredosis. Las personas que se inyectan la droga también corren mayor riesgo de adquirir enfermedades infecciosas, incluso VIH/SIDA y hepatitis. Todos estos efectos son transmitidos al feto durante el embarazo, consecuentemente provocando una multitud de trastornos neurológicos, emocionales, de desarrollo motor, cognitivo y respiratorios.

Hay evidencia que niños cuyas madres usaron heroína durante el embarazo presentan síntomas como la irritabilidad, lloran fuerte y constantemente, no duermen bien y el control motriz es deficiente. Los niños cuyas madres abusaron heroína pueden mostrar problemas de conducta durante los primeros años de vida y luego síntomas consistentes con el trastorno de déficit de atención e hiperactividad. Si la madre es adicta y el niño ha nacido bajo la influencia de la droga, el bebé comienza a mostrar síntomas de abstención al dejar de recibir los efectos de la misma, incluyendo agitación, diarrea y vómitos.

El término drogas de club se refiere a una amplia variedad de drogas peligrosas. Estas drogas suelen ser consumidas por adultos jóvenes en fiestas bailables que duran toda la noche, clubes de baile y bares. Incluyen la Metilendioximetanfetamina (MDMA), también conocida como Éxtasis XTC, X, Adam, Clarity y Lover's Speed, Gamahidroxibutirato (GHB), también conocida como Grievous Bodily Harm, G, Éxtasis líquido y Georgia Home Boy, Ketamina, también conocida como K Especial, K, Vitamin K, Cat Valium, Rohypnol, también conocido como Roofies, Rophies, Roche, Forget-me Pill, la Metanfetamina, también conocida como Speed, Ice, Chalk, Meth, Crystal, Crank, Fire, Glass, y la Dietilamida del ácido lisérgico (LSD), también conocida como Acido, o Brillo de sol amarillo.

Hay otros elementos cuyo uso es peligroso y pueden influir negativamente en el desarrollo del feto durante el embarazo, como por ejemplo algunas sustancias químicas localizadas en su propia casa, ya sean los adhesivos, aerosoles para el pelo, las pinturas y los diluyentes. Muchas madres inhalan los vapores de estos productos sin saber que pueden resultar en problemas graves de salud.

La marihuana es una mezcla triturada y seca de flores, tallos, semillas y hojas de la planta de cáñamo. La gente suele fumarla como un cigarrillo o en una pipa. El abuso de marihuana puede resultar en problemas con la memoria y el aprendizaje. A largo plazo, puede también derivar en problemas como el cáncer de pulmón y un aumento del riesgo de infecciones. Hay evidencia que el uso de marihuana durante el embarazo puede afectar negativamente el desarrollo cognitivo del niño, así como también crear problemas emocionales depresivos.

En cuanto a las drogas o las medicinas, la mayoría de las personas toman medicinas después de ser recetadas por sus médicos. Aún así, se calcula que un porcentaje de las personas consume remedios que necesitan receta médica con fines no médicos. Esto se conoce como abuso de medicamentos de receta médica, y constituye un problema serio cuyo uso es frecuente. Algunos de los medicamentos recetados por un médico, como ser los tranquilizantes o los sedantes, como así también los estimulantes, pueden tener influencias negativas en el desarrollo de su bebé antes y después del parto.

Es primordial que la madre entienda que todo lo que ella ingrese a su organismo será transportado por su sangre directamente a la sangre de su bebé. Por lo tanto, es recomendable que evitara cualquier medicamento de venta libre. Durante las primeras ocho semanas de embarazo, el feto comienza a desarrollar los pulmones, el sistema cerebral y el corazón, por lo cual es muy importante prestar la máxima atención y evitar tomar cualquier tipo de drogas. **Recuerde: siempre consulte con su doctor** qué hacer si Usted toma medicamentos y es informada que está embarazada, y luego siga al pie de la letra todas las indicaciones proporcionadas. Hay medicinas que son consideradas seguras para tomar durante el embarazo, pero siempre es recomendable no hacer nada sin consultar a su doctor.

El estado emocional y el estrés en la madre: Un feto está íntimamente ligado a la madre, por lo cual, el estado emocional y de estrés materno es muy importante en el desarrollo de la salud mental del niño. El miedo produce adrenalina y limita el flujo de sangre en el útero, lo cual puede proveer menos oxígeno al feto. Además, el estrés puede elevar el nivel de las hormonas que libera la cortocotropina y el cortisol, los cuales pueden causar el nacimiento prematuro del bebé.

Hay evidencia que indica que las mujeres embarazadas y que sufren un gran nivel de estrés pueden tener hijos con mayor probabilidad de estar afectados con problemas emocionales, cognitivos, o con el trastorno de déficit de atención e hiperactividad. En su estudio de los efectos de largo plazo producidos por el estrés prenatal, Martin (1999) demostró que existe una correlación entre el estado emocional de la madre durante el primer trimestre de embarazo y la evaluación emocional de los niños al cumplir 5 años, concluyendo que en estos casos, y sobre todo en los niños de sexo masculino, tienden a tener más problemas emocionales cuando se los compara con niños cuyas madres no sufrieron un gran nivel de estrés durante el primer trimestre de embarazo.

La ansiedad durante el período de embarazo ha sido asociada con trastornos de conducta y atención en infantes de 3 a 8 meses de edad (Huisink, 2002), y también ha sido asociada con un "temperamento difícil" durante los 4 a 6 meses de edad en reportes provistos por sus madres (Austin, 2005).

La depresión materna puede también tener una influencia adversa. Hay evidencia que la depresión de la madre durante su embarazo puede crear nacimientos antes de término, así como un crecimiento prenatal más lento. Estos cambios son relacionados a niveles altos de la hormona cortisol.

Edad de la madre: de acuerdo a los resultados obtenidos en diversas investigaciones, el porcentaje de mortalidad de niños nacidos de madres adolescentes es doble de aquellos nacidos de madres entre los 20 y 30 años de edad. El Síndrome de Down raramente ocurre entre madres cuyas edades se encuentran entre los 16 y 34 años. Cuando la madre llega a los 40 años de edad la probabilidad es de 1 en 100, y después de la edad de 50 años la probabilidad aumenta a 1 en 10 nacimientos.

Factores paternos: El hombre puede sufrir anomalías en los espermatozoides cuando es expuesto a plomo, radiación, algunas clases de pesticidas o productos petroquímicos, los cuales pueden crear abortos involuntarios o cáncer en los niños. El uso de cocaína puede causar esterilidad en los padres, la cual puede ser revertida al dejar de abusar de la substancia.

Riesgos ambientales: Radiación, materias tóxicas, radiografías en la zona ventral, mercurio, monóxido de carbón, plomo, y algunos pesticidas, todos estos elementos pueden comprometer el desarrollo normal del feto.

CAPÍTULO DOS

EL CRECIMIENTO INFANTIL

A continuación, exploraremos el desarrollo cognitivo, emocional, motor y social del niño durante las diferentes edades.

La psicología es la ciencia que se usa como marco en el estudio del desarrollo humano pues tiene múltiples conexiones con otras ciencias como ser la antropología, sociología, biología evolutiva y la neurología.

La descripción y la explicación del desarrollo de los seres humanos son considerados ser algunas de las metas más importantes de la psicología. Los escolares que estudian el desarrollo psicológico humano están de acuerdo que los procesos culturales, así como los biológicos innatos de la persona, interactúan y "construyen" su modo de ser.

Hay preguntas que son muy comunes entre los padres, como por ejemplo que es lo normal que el niño haga durante las diferentes edades, que pueden hacer para ayudar al niño en su desarrollo, o que tipos de terapias son apropiadas cuando se enfrentan con problemas o un retraso en el desarrollo intelectual, motor o cognitivo.

Hay veces en las cuales hay problemas en el momento del nacimiento, ya sea por la posición del niño en el útero, el parto es extremadamente largo, la cabeza del bebé es demasiado grande para pasar por la apertura cervical, el cordón umbilical está "ahorcando" al bebé, o el bebé presenta síntomas de estrés reflejado en un ritmo cardíaco anormal. En la mayoría de estos casos, el doctor procede a practicar una operación cesárea.

Hay reacciones en el infante que se manifiestan en reflejos, los cuales le pueden proporcionar al pediatra una "información" o "alerta" de que el desarrollo del bebé no es el apropiado y es necesario tomar las medidas necesarias para tratar el problema.

Los padres generalmente se preocupan si sus hijos van a ser normales. Mientras que algunos bebés tienen problemas físicos que son obvios, otros se consideran estar en la categoría "de riesgo" de tener en el futuro problemas de desarrollo físicos, cognitivos y/o sociales. Cientos de estudios han sido completados en los cuales se han estudiado los diferentes factores que ponen a los niños recién nacidos en la categoría de "de riesgo." Los psicólogos acuerdan que la intervención temprana, ya sea psicológica, médica y/o social es muy beneficiosa para estos niños.

Hay que prestar mucha atención a los bebés incluidos en la categoría "de riesgo". Se sabe que el 85% de esos problemas se adquieren antes del nacimiento del bebé o durante el embarazo. A pesar que la mayoría de las madres respetan al pie de la letra las indicaciones del ginecólogo obstetra durante el embarazo, algunos trastornos pueden originarse o manifestarse después del nacimiento, pues el bebé debe adaptarse a un medio ambiente que es distinto a aquel en el cual se desarrolló mientras se encontraba en un medio líquido y alimentado a través de la placenta.

Son muchos los factores que pueden influir en crear trastornos. Después de vivir nueve meses en un mundo líquido, el bebé comienza repentinamente a respirar aire. Los niños con bajo peso generalmente tienen dificultad al comenzar a respirar aire y produciendo una anoxia, o sea, un déficit de oxígeno en las células, la cual puede provocar daño cerebral.

Entre los factores de riesgo que se pueden presentar en el momento del nacimiento son:

- El bajo peso en un recién nacido.
- La falta de atención médica, ya sea porque el niño no es deseado por la madre, por haber nacido prematuro, porque la madre abusó drogas u otras substancias durante el embarazo, la madre es una adolescente o la madre no tiene los medios monetarios para poder visitar a un doctor.
- Si se le hacen distintos exámenes a un bebé y los resultados son por debajo de lo esperado de acuerdo a la edad, estos resultados pueden ser alarmas de problemas que pueden presentarse en un futuro. Distintos exámenes son usados con el propósito de poder determinar si existe algún trastorno neurológico, motor, o intelectual, y además para analizar como el bebé reacciona ante los estímulos del medio ambiente.

Los bebés demuestran dos tipos principales de conducta: por un lado reaccionan a estímulos provistos por el medio ambiente a través de los reflejos, los cuales son reacciones breves y automáticas estereotipadas que responden a estímulos del medio ambiente, y también a través de conductas congénitas organizadas, las cuales no requieren un estímulo específico del medio ambiente.

Los reflejos no son de interés especial para los psicólogos que estudian la psicopatología de los infantes, pero pueden proveer información sobre algún trastorno en su desarrollo neurológico. Por ejemplo, si el doctor pasa su dedo gordo sobre el lado derecho de la medula espinal y el bebé se mueve para la izquierda, este resultado puede sugerir una lesión neurológica.

Las conductas congénitas organizadas incluyen la vista, la succión y el llorar. Los bebés generalmente buscan ver la fuente de luz apenas ocho horas después de nacer y después de un corto período de tiempo comienzan a mover los ojos y ver a la persona que está frente a ellos. La succión es un acto de sorprendente coordinación. La leche es extraída a través de la succión y apretando el pezón de la madre. A través de la succión el bebé se alimenta y explora el mundo. Además, la succión ayuda al bebé a tolerar el dolor. Al igual que la succión, el llorar coordina varios componentes como ser la respiración y la vocalización de manera organizada. Los psicólogos se han interesado en la habilidad de llorar como una herramienta de diagnóstico.

Los infantes nacen con habilidades innatas las cuales se convierten en la base de su futuro crecimiento. De acuerdo a Bertenthal y Clifton (1998), los sentidos del tacto, el olor, la visión, el oído y la capacidad de sentir el dolor son evidentes inmediatamente después del nacimiento.

Nosotros, los seres humanos, experimentamos numerosos cambios en nuestro cuerpo durante los diferentes períodos de nuestra vida. En general, nuestro crecimiento físico se desarrolla de nuestra cabeza a nuestros pies. La tendencia cefalocaudal es el crecimiento prenatal desde la concepción hasta los cinco meses, en el cual la cabeza crece más que el cuerpo. También es la tendencia de los bebés de aprender a utilizar sus extremidades superiores antes que sus extremidades inferiores. La tendencia proximodistal es el crecimiento prenatal a partir de los cinco meses para el nacimiento, cuando el feto crece desde el interior hacia el exterior del cuerpo. En cuanto al desarrollo motor, la tendencia proximodistal se refiere al desarrollo de las habilidades motoras desde el centro hacia el exterior del cuerpo.

Peso y altura de los niños

No hay un peso y una altura que sea apropiado a cada edad en todas las culturas, ya que hay muchas variantes que influyen en el desarrollo del niño, ya sean genéticas o alimenticias. Es por eso, que la siguiente información tiene que ser evaluada con cautela.

El peso del recién nacido generalmente se reduce entre un 5 a 7 por ciento durante los primeros días después del nacimiento, pero vuelve a aumentar entre 140 y 170 gramos por semana durante el primer mes de vida a medida que el bebé aprende a succionar la leche del seno materno, aprende a tragar, y digiere la comida. Su peso se duplica a los cuatro meses y se triplica al cumplir el primer año de vida.

En el segundo año de vida, el niño pesa entre 11 y 14 kilogramos, lo cual representa la quinta parte de su peso de adulto. La altura promedio de un niño de dos años de edad es de 80 a 90 centímetros, los cuales son aproximadamente la mitad de lo que medirá en la adultez.

Durante la etapa pre-escolar, el porcentaje de crecimiento en altura y peso desciende durante cada año consecutivo. Los cuerpos de los niños y las niñas se alargan de manera distinta: los varoncitos son más delgados pero con tejidos musculares más acentuados, en cambio las nenas exhiben una tendencia a tener más tejido adiposo.

Un problema que se puede detectar en algunos niños de esta edad es la falta de crecimiento debido a la deficiencia de las hormonas del crecimiento producidas por la glándula pituitaria alojada en el cerebro, la cual puede ser tratada con inyecciones de hormonas de crecimiento administradas diariamente.

A partir de los ocho años hasta la adolescencia, el crecimiento es lento pero continuo con un promedio de 50 a 75 centímetros por año. La influencia genética, la alimentación y el ejercicio físico son factores influyentes en el fortalecimiento de los huesos y los músculos. Los huesos se endurecen y la circunferencia del cráneo, la cintura y las piernas decrecen proporcionalmente comparadas con el resto del cuerpo.

Antes de comenzar a describir el desarrollo de los niños en las distintas edades, me gustaría agregar pocas palabras sobre los distintos ambientes en los cuales se desarrollan, pues son fundamentales en el intercambio de experiencias y la provisión de estímulos.

El ambiente social

El ambiente social abarca una amplia gama de factores sociales, culturales y ambientales. Para tener una amplia evaluación de la evolución social de los niños, es muy importante analizar todos los detalles de la interacción en numerosos aspectos de su vida, ya sea con los adultos que son significativos en su vida, otros niños, la cantidad y calidad de los estímulos que reciben, que hacen los niños durante su recreación, como los niños establecen sus necesidades básicas, y muchas otras facetas de la vida.

La información provista por los padres, los cuidadores, los maestros y los familiares son siempre una gran ayuda para obtener una mejor imagen del entorno social del niño. Hay varios modelos que fueron creados para analizar y conceptualizar el entorno social.

Lev Vygotsky investigó la manera en que la cultura y la comunicación interpersonal influyen en todos los aspectos del desarrollo del niño. Vygotsky observó cómo las funciones cognitivas evolucionan en determinados grupos culturales, así como también los modos en que los niños interactúan socialmente con las personas importantes en su vida, especialmente los padres. A través de estas interacciones, los niños aprenden los hábitos de su cultura, como así también el conocimiento simbólico a través del cual adquieren el sentido y la comprensión de lo que encuentran a su alrededor. Esta premisa fundamental de la psicología de Vygotsky es a menudo referida como la mediación cultural. El conocimiento específico adquirido por los niños a través de estas interacciones también representa el conocimiento compartido de una cultura. Este proceso es conocido como la internalización.

La internalización puede ser interpretada como la manera de aprender y "saber cómo usar o hacer algo". Además, otro aspecto de la internalización es la apropiación, o sea, el niño toma un lápiz por primera vez pero no sabe qué hacer con él. El niño a través de su interacción con el medio ambiente aprende cómo usarlo y perfecciona su utilización con el continuo uso. Internalizar el uso de un lápiz significa que el niño aprende a usarlo de la manera que sea más apropiada y conveniente para él, en lugar de usarlo exactamente de acuerdo a lo que los demás en la sociedad le digan.

El contexto socio-histórico-cultural en el cual viven los niños, delinea y define el crecimiento emocional, físico y emocional del niño, quien a su vez cambia su entorno a través de sus reacciones. Es por esta constante interrelación que el crecimiento infantil no puede evaluarse sin tener en cuenta el medio ambiente que los rodea. Los niños se comportan o reaccionan de diversas maneras como resultado de sus necesidades, sus objetivos, su temperamento, y la realidad que le presenta su alrededor. Éstos objetivos pueden ser diversos como pedirles a los padres que le compren algo, decirles que tienen hambre, que quieren ir a jugar, o calcular si tienen suficiente dinero para comprarse algo deseado. No son solamente "procesos cognitivos", sino que además son maneras en que el niño crea su tejido social, el modo de relacionarse socialmente con otros, y además maneras en que aprende a relacionarse a lo que el ambiente les presenta diariamente.

Urie Bronfenbrenner dividió el entorno social en distintos sistemas con los cuales el niño interactúa. Estos sistemas están interconectados y constantemente existe una interacción entre ellos. El primer sistema es el microsistema, el cual incluye a la familia inmediata, los amigos y las instituciones sociales locales. El segundo sistema es el mesosistema, el cual incluye las grandes instituciones sociales y las influencias culturales más amplias. El tercero es el macrosistema el cual incluye el mayor contexto socio-cultural, como ser la cultura mundial y local, así como eventos geopolíticos. Un último sistema, llamado cronosistema, se refiere a la manera en que los sistemas externos evolucionan a través de tiempo. Cada sistema contiene roles, normas y reglas las cuales actúan e influyen en el desarrollo del niño.

Entre los diferente modelos que intentan conceptualizar el entorno social.

1) La familia: el concepto de la familia es actualmente muy dinámico y está evolucionando de manera rápida. En general, constituye de adultos que forman un núcleo en torno al niño y tienen la responsabilidad de formar al niño como un miembro productivo de la sociedad. Teniendo en cuenta las numerosas posibilidades y combinaciones, los profesionales siempre deben preguntar acerca de la composición de la familia. La sociología de la familia continúa estudiando sus nuevas formas y diferentes combinaciones de lo que es considerado una familia.

2) Grupos de otros niños y las subculturas: Los compañeros o amigos de la misma edad y etapa de desarrollo, son aquellos con quienes los niños optan por compartir con ellos diversas actividades durante todos los días. Las subculturas son grupos pequeños de niños o adolescentes que tienen intereses similares o creencias compartidas. Como parte del entorno social, las relaciones con los compañeros a menudo son grandes desafíos para los profesionales.

Los padres a menudo se presentan con situaciones en las cuales sus hijos expresan su preocupación sobre la manera en que se visten los amigos con los cuales se asocian, así como las dificultades que se presentan en diversas situaciones. Los padres necesitan estar seguros que las relaciones de sus hijos con los compañeros son sólidas, positivas, saludables, y permiten un desarrollo fructífero y funcional.

Medios de comunicación:

La comunicación por el internet, los teléfonos celulares, la búsqueda de personas, los mensajes de texto y la conexión inalámbrica deben ser considerados como parte de los nuevos medios de comunicación. Los padres deben considerar estas nuevas tecnologías, ya que afectan la cultura juvenil de una manera dinámica y actúan de una manera que facilitan a los niños a conectarse con sus pares. Los padres también necesitan ser sensibles a los cambios y estar dispuestos a participar de estas formas de expresión sin ser demasiado críticos. Las preocupaciones de los padres deben ser tomadas en serio, así como el uso de los niños de estos medios para expresarse deben también debe ser evaluado.

La escuela y la sociología de la educación

Las escuelas son lugares de vital importancia para el futuro del infante; uno de los más importantes lugares de desarrollo del niño y del adolescente. La escuela constituye un nexo de unión de valores en el desarrollo del niño, intencionalmente o no, y por lo tanto no sólo son una valiosa fuente de información, sino que también actúan como lugares de intervención. Para el profesional, así como para los padres, la escuela es una fuente importante de información sobre el niño, y de la cual es posible recibir una innumerable cantidad de información relacionada a casi todos los aspectos de su crecimiento.

Cómo se evalúa el crecimiento del niño

Para evaluar el crecimiento del niño, es primordial tener en cuenta las siguientes áreas:

El desarrollo motor
El desarrollo emocional y social
El desarrollo del lenguaje
El desarrollo cognitivo

La cognición es el proceso de organizar y dar sentido a la experiencia. Ya sea interpretar una declaración, resolver un problema, sintetizar información, o analizar de manera critica una tarea compleja, la cognición interviene y hace posible a estos procesos.

Los procesos cognitivos pueden ser naturales o artificiales, conscientes o inconscientes, y están íntimamente relacionados con conceptos abstractos como ser la mente, la percepción, la inteligencia, el aprendizaje y el razonamiento.

Nuestra habilidad de poder comprender e interpretar las distintas experiencias que vivimos con el medio ambiente, se hacen posibles a través de la mediación del conocimiento, el cual es un proceso activo de adquirir continuamente nuevos y diversos conceptos presentados por el medio ambiente.

A continuación, veremos los distintos desarrollos durante las distintas edades de la infancia.

Nacimiento-Dos meses:

Desarrollo motor

- Los movimientos del bebé son rápidos e incontrolados pues aún el sistema nervioso no se encuentra desarrollado. Aún así, puede estrechar los pies y las manos cuando interactúa con un adulto.
- Comienza a girar la cabeza cuando se le acaricia la mejilla.
- Puede levantar brevemente la cabeza del hombro de la persona que lo sostiene o de una superficie plana como ser la cuna o el piso por aproximadamente tres segundos.
- Reacciona cuando escucha un ruido fuerte, girando la cabeza hacia ambos lados mientras se encuentra acostado de vientre, como si estuviera "estudiando" su alrededor.
- Generalmente, el bebé empuña sus manos durante la mayoría del tiempo, las acerca a su cara y chupa el dedito pulgar o todos sus deditos.

Desarrollo cognitivo

- El bebé se relaciona visualmente con el mundo que lo rodea enfocando su vista en objetos que están de 20 a 30 centímetros de distancia, ya sea una persona o un juguete, siguiendo con su mirada dicho objeto de una línea central a su rostro hacia la derecha o izquierda.
- Los bebés de esta edad comienzan a llorar con alto volumen como medio de comunicación y expresando su demanda de atención. Cuando está hambriento, mojado, no se siente cómodo, o se siente enfermo, deja de llorar al sentir que sus demandas son atendidas.
- Cuando se acuesta al bebé de espaldas, puede reconocer la presencia de una persona frente a él, investiga los alrededores, puede escuchar un sonajero localiza de donde viene el sonido con la mirada.
- Los bebés prefieren ver imágenes blancas y negras en vez de imágenes con colores.

Desarrollo emocional

- Los bebés responden positivamente a la voz humana, el cual es el sonido de su preferencia, y responden de manera tierna a las personas que lo atienden, demostrando confianza y seguridad cuando sus demandas son atendidas rápidamente, pero reaccionando con irritación y se ponen muy tensos si sus demandas no son correspondidas.

Dos a tres meses:

Desarrollo motor

- En este período, el bebé puede mantener la cabeza erecta por un período de no más de quince segundos, así como girarla para la izquierda o la derecha mientras está acostado de espalda siguiendo con la vista objetos que se mueven a su alrededor e intentándolos atraparlos con sus manos.
- El bebé aprende a tomar brevemente objetos con las manos.
- Mientras se mantiene acostado en posición ventral, puede hacer movimientos consistentes con lo que hace para gatear.

Desarrollo cognitivo

- A este período, el bebé comienza a comunicarse a través de gorgoteos y arrullos. Este es el momento en que la "semilla" de la comunicación empieza a crecer, y de esta manera el bebé comienza a interactuar socialmente.
- Los bebés nacen reconociendo sonidos percibidos en el vientre materno.
- La curiosidad de los bebés a esta edad los ayuda a desarrollar la visión al ser atraídos por objetos en movimiento.
- El bebé a esta edad empieza a explorar el medio ambiente usando sus sentidos, reaccionando a sonidos, descubriendo sus manos y pies como extensiones de sí mismo, y respondiendo con contacto visual cuando se ve reflejado en un espejo.
- Además, durante esta edad, el bebé empieza a reconocer las situaciones en las que se le sirve la

comida, se baña, y cuando los padres lo preparan para ir a dormir.

Desarrollo emocional

- Se afianza la confianza con las personas que lo atienden y se comunica con ellas a través del llanto.
- Llorar es el medio de comunicación más usado para transmitir sus necesidades a las personas que lo cuidan.
- El bebé responde llorando a sonidos de alto volumen como ser una máquina aspiradora, una bocina o la alarma de un reloj.

Tres a cuatro meses:

Desarrollo motor

- El bebé descubre que tiene control de sus manos y puede tocar y sentir su vientre. Deja de mover la cabeza constantemente hacia los lados y empieza a demostrar más control en sus movimientos mientras es sostenido en forma vertical por sus padres. Le gusta explorar todo lo que lo rodea, respondiendo con sonrisas y balbuceando.
- Cuando el bebé es mantenido apoyándose en sus pies sobre la superficie, empieza a demostrar los primeros signos que el saltar le puede causar placer.

Desarrollo emocional

- Durante esta edad, el bebé comienza a balbucear y reír para incrementar la comunicación e informar que está buscando interactuar con los adultos u otros niños; el bebé sonríe cuando alguien le sonríe.

- El bebé empieza a aprender a calmarse en momentos de molestia poniéndose los dedos en la boca y enfocándose en un juguete, la calesita móvil colgando en su cuna, o en algún pedazo de ropa o trapo.
- Se ríe contagiosamente cuando alguien le hace cosquillas, le sonríe o juega "al caballito" haciéndolo saltar mientras está sentado en la rodilla del adulto.

Desarrollo cognitivo

- En cuanto a su desarrollo cognitivo, el bebé se muestra más curioso, toca y mantiene en su mano todo tipo de objetos por períodos de tiempo más largos.
- Reacciona rápidamente cuando un adulto se cubre la cara.
- Puede llegar a pronunciar dos vocales.
- La cabeza puede seguir a tres anillos cuando se mueven al alcance de su vista.

Cuatro a seis meses:

Desarrollo motor

- En este período de vida, se fortalecen los músculos del cuello que le permiten incorporar su cabecita mientras está acostado de espalda y de esa manera amplía sus posibilidades exploratorias de todo lo que lo rodea.
- Los músculos del vientre también se fortalecen, lo cual le permite moverse con la panza a un lado, así como brevemente mantenerse parado si un adulto lo sostiene.

Desarrollo cognitivo

- Comienza a tener una percepción de sí mismo, la cual le permite tener la posibilidad de alcanzar y tomar objetos, así como también levantar las piernas y acercarlas al rostro.
- Al llegar a esta edad, el bebé busca interactuar con adultos e infantes que son significativos en su vida, comenzando a mostrar intencionalidad es sus acciones.

Desarrollo emocional

- Es muy común que el bebé responda con una sonrisa cuando alguien le sonríe, y observe a otros bebes o infantes.
- En cuanto al desarrollo del lenguaje, los bebés comienzan durante el cuarto mes a balbucear sonidos como ser "pa-pa-pa" o "ba-ba-ba" or "ma-ma-ma" o "da-da-da." Cuando se siente feliz, el bebé generalmente grita y pronuncia sonidos extendidos como ser "ahhhhhhhhhhhhh" o "ehhhhhhhhh."

Seis a nueve meses:

Desarrollo motor

- El desarrollo motor durante este período de vida está delineado por la capacidad del bebé de poder sostener un objeto y poder moverlo hacia distintos lados a su placer.
- El bebé descubre que sus manos y los dedos del pie le permiten moverse para alcanzar objetos y empieza a explorar la posibilidad de gatear usando

sus rodillas. Además, empieza a levantar pequeños juguetes usando sus dedos.

- Ya su cuerpo se mueve con más estabilidad y confianza al darse vuelta para responder voces familiares y mirar al adulto con mayor atención.

Desarrollo emocional

- El bebé comienza a percibir si la persona que está a su lado, de acuerdo al tono de su voz, está triste, feliz o irritada.
- Empieza a disfrutar del elemento de sorpresa, por lo cual una actividad que le produce placer es jugar a "las escondidas" tapándose la cara con las manos o un simple trapo.

Desarrollo cognitivo

- Durante este período de vida, el pequeño comienza a ser curioso y comienza a investigar los objetos, ya sea manipulándolos, golpeándolos, tirándolos y/o sacudiéndolos.
- Un foco de interés en este período de vida se centraliza en explorar la causa y el efecto de lo que hace. Al cierre de este período, el pequeño comienza a imitar y trata de jugar por su cuenta los juegos aprendidos.

Nueve a doce meses:

Desarrollo motor

- Es el momento en que comienza a desarrollar su independencia motora, caminando mientras se apoya en objetos como muebles o de las manos de un adulto. De este modo, los músculos de las piernas empiezan a fortalecerse.

Desarrollo emocional

- La expresión de emociones como, por ejemplo, la ansiedad, afloran en este período cuando el bebé no tiene contacto con el adulto que está cotidianamente en contacto con él. Así mismo, se cubre el rostro cuando una persona extraña se acerca.

Desarrollo lingüístico

- El desarrollo verbal comienza pronunciando sonidos los cuáles los asocia con ciertos objetos.
- El bebé se acerca y hace gestos al adulto, indicandole que quiere ser sostenido o abrazado, y puede imitar ciertos sonidos pronunciados por la persona que interactúa con él.

Desarrollo cognitivo

- Mueve la cabeza para decir "no".
- Descubre objetos que están dentro de una caja cuando alguien lo esconde.
- Puede poner elementos dentro de una canasta o caja como modo de entretenimiento y juego.
- Comienza a familiarizarse y comprender el uso de algunos objetos como ser un cepillo o el teléfono, y selecciona los juguetes que puede utilizar para jugar distintos juegos que le causan placer.
- Ya sabe decir adiós con su manito, aunque no lo estimulen a hacerlo.

Doce a dieciocho meses:

Desarrollo motor

- Durante este período de la vida, el niño comienza a aplaudir como señal de aprobación y exaltamiento, y copia a los adultos cuando tratan de comunicarse con él.
- El niño puede caminar independientemente, aunque a veces necesita todavía apoyarse de un mueble, de la pared o de un adulto.
- El niño comienza a usar los músculos de sus deditos y juega con anillos o cubitos.
- Durante el final del primer año de vida, aprende a sacarse sus zapatitos y sus medias, pero no a ponérselos.
- Prefiere jugar con objetos por los juguetes a los puede   rellenar con cosas, tirarlos al suelo o empujarlos.

Desarrollo emocional

- Su desarrollo emocional y social se manifiesta al interactuar y jugar con niños de su edad. Además, aprende juegos mientras observa a niños un poco más adultos que él.
- No le gusta quedarse en la custodia cuidado de adultos que desconoce.

Desarrollo lingüístico

- Ya comienza a comunicarse con los que lo rodean pronunciando palabras como palabras "mamá" o "papá" en vez de "da-da" o "ma".
- Usa gestos como medio de comunicación, como ser acariciarse el cráneo para indicar que quiere un

cepillo de pelo o mover las manos como señal de despedida.

- El niño empieza a producir sonidos que tienen únicamente sentido para él, como ser "uh" o "dal", conecta distintas consonantes y vocales en un intento de formularse la exacta manera de nombrar distintos objetos.
- También incorpora a su vocabulario palabras de objetos o personas que lo rodean, como "perro" o "guau-guau".

Desarrollo cognitivo

- Cognitivamente, el niño aprende a seguir comandos de adultos, como ser "pone el juguete en la caja" o "pone el libro en el estante".
- El interés en libros se crea siempre y cuando reciba estímulos de los adultos.
- El niño comienza a comprender que, si ve parte de un objeto, esa parte representa una porción de un objeto que es más grande, por ejemplo, si solo ve la parte de atrás de un auto, puede entender que sólo es una parte de un objeto, e imaginar cómo puede ser el resto.

Dieciocho a veinticuatro meses:

Desarrollo motor

Durante este período, el niño sigue ganando control de sus habilidades motoras, puede subir y bajar escaleras con o sin ayuda de un adulto, sufre caídas sosteniéndose con una mano con la mano del adulto mientras que con la otra mano se sujeta a la barandilla de la escalera o la pared.

- El niño aprende a caminar en superficies que son más desniveladas, como ser la arena o alfombras que se pueden llegar a mover.
- Es natural que los niños de esta edad se caigan continuamente al no tener ayuda, y cabe destacar que la continua caída y parada ayuda a fortalecer los músculos, así como desarrollar más rápidamente la sensación de equilibrio.

Otras habilidades motoras que se desarrollan en este período son aprender a correr, a tirar una pelota, y a sostener el tenedor o la cuchara para comer. Algunos niños comienzan a vestirse solos e ir al baño sin ayuda.

Desarrollo emocional

- En cuanto a su desarrollo social y emocional, el niño comienza a buscar su independencia jugando con otros niños de su edad, pero aún necesita saber que por lo menos un adulto significativo está en los alrededores.
- Los adultos que son significativos en la vida del niño son extremadamente importantes como fuentes de afecto y seguridad, la evidencia está en la manera en que el niño llora cuando el adulto se aleja del cuarto y la manera en que el niño lo abraza al acercarse.

Desarrollo cognitivo

- El niño comienza a identificar a los colores.
- Aprende a guardar sus juguetes en los contenedores.
- Reconoce su imagen frente a un espejo.

Veinticuatro a treinta meses:

Desarrollo motor

- Ya fortalecidos sus músculos y su sentido del equilibrio, se dispone a "correr."
- Con la ayuda de sus juguetes, aprende a caminar para adelante y para atrás.
- Intenta pararse con las puntas de los pies, e intenta alcanzar objetos que están altos estirando las piernas.
- Sus juguetes favoritos son los que le requieren martillar, serruchar, y atornillar.
- Ya demuestra interés en independizarse para ir al baño a orinar, defecar o bañarse, y también vestirse, lavarse los dientes y elegir su prenda a vestir.
- Aprende a abrir y cerrar puertas explorando cómo funcionan las perillas.

Desarrollo cognitivo

- El niño comienza a demostrar interés en la anatomía del cuerpo, mirando y tocando distintas partes del cuerpo de los adultos.

Desarrollo emocional

- Reaccionan de manera extremadamente emocional cuando no se les permite actuar, es decir, "cuando se le ponen los límites."
- Los niños de esta edad pueden jugar tanto solos como con otros niños.
- Durante este período, los niños se encuentran interesados en escuchar el mismo cuento numerosas veces, pretenden leer la historia como lo

hicieron anteriormente los adultos, así como repiten palabras o frases que le fueron dichas al leer el libro.

- Aprenden a nombrar con certeza los colores, como ser azul, rojo, verde, etc.
- Aprenden a separar los objetos por categorías, como por ejemplo poner los zapatos en un lado, y las medias en otro.
- Pueden pronunciar simples versos y aprender canciones con letras repetitivas.
- Empiezan a identificar formas, empezando generalmente con el círculo, y continuando con rectángulos.
- Les gusta jugar aquellos juegos pretendiendo ser una madre o padre, doctor u otro personaje.

Treinta a treinta y seis meses:

- En este período, es común escuchar que repiten las preguntas que se le hacen usando las mismas palabras. Por ejemplo, si se le pregunta al niño cuál es su nombre, el niño responde muchas veces usando las mismas palabras.
- Ya es posible comprender todo lo que habla, aún con errores gramaticales.
- Modula el volumen de su voz, ya sea gritando o susurrando al oído.
- Ya sabe decir su nombre y apellido, recordar algunos episodios del pasado, hacer preguntas y obedecer las órdenes de un adulto, como por ejemplo "ve a buscar las medias y déjalas dentro de los zapatos."
- Inventa amigos imaginarios e identifica con nombres a sus muñecas u ositos.

Tres años:

- Es la etapa preparatoria para entrar al mundo académico.
- Son extremadamente curiosos y demuestran una excesiva gana de aprender, a través de sus sentidos, observando y armando cosas.
- Su aspecto físico comienza a tener la apariencia de un pequeño adulto.
- La actividad social y emocional florece y su conducta en general es traviesa y con tintes de cómica.
- Aceptan y comprenden el sentido del humor.
- Desafían con su independencia diciendo "lo sé hacer solo/a".

Desarrollo Motor

- Su caminar es más seguro y balanceado.
- Pueden saltar con uno o los dos pies
- Pueden treparse a un tobogán de no mucha altura y bajarse sin la ayuda de un adulto.
- Pueden jugar con una pelota haciéndola rebotar y volver a tomarla varias veces, la cual es una actividad que le causa mucho placer.
- Les gusta construir y derrumbar torres numerosas veces con varios cubos, actividad que le causa un gran placer.
- Dibujan o copian formas simples como ser círculos, cuadrados y triángulos.
- Comienzan a tratar de abrochar los botones o cerrar un cierre, con poco éxito a esta edad.
- Comienzan a aprender a usar la tijera, pero recién al final del cuarto año de vida la manejan con maestría.

- Comienzan a sostener lápices, marcadores y pinceles, y empiezan a escribir rayas, hacer garabatos, trata de copiar figuras y llenar espacios blancos en los dibujos en blanco y negro.
- Intentan abrochar los botones, atarse los zapatos, y cerrar un cierre, pero con poco éxito.
- Intentan dormir toda la noche sin orinarse en la cara.
- Duermen menos horas (alrededor de doce horas durante la noche), y su siesta se acorta a medida que se mantiene más ocupado durante el día.
- Al final del tercer año de vida, van solos al baño sin la ayuda de un adulto.

Desarrollo Emocional y Social

- Declaran "Yo lo puedo hacer", mostrando ser más independiente
- Prefieren jugar solos si tiene a mano un juego o juguete favorito, aunque acepta con gusto jugar con adultos y otros niños de su edad.
- Un niño en edad pre-escolar empieza a mostrar interés en jugar con otros niños cuando se siente seguro entre ellos.
- Les gusta jugar con adultos como con niños de su misma edad.
- Interpretan y atienden los sentimientos de otra persona, y en algunas veces ofrecen ayuda.
- Comienzan a mostrar sus sentimientos y emociones de manera apropiada.
- Les gusta ayudar con las tareas hogareñas.
- Les gusta "hacerse el payaso" y hacen reír a la gente.
- Comienzan a comprender limitaciones y reglas de comportamiento.

- Comienzan a buscar atención y aprobación de los adultos.
- Demuestran temor, sobre todo cuando son dejados solos en un lugar que no le es familiar.
- Llora fácilmente. Con diferencia al llanto durante los dos primeros años, el niño ahora llora para afirmar que estará muy apenado si no se le da lo que quiere.
- Comienzan a comprender el significado de "peligro", evitando bajar sólo las escaleras, a jugar en la calle, y expresando la palabra "cuidado."
- Comienzan a comprender las actividades que son acordes al sexo femenino y el masculino.
- Aprenden a elegir entre dos objetos. Ya sea cuando se le ofrece comprar un juguete u otro, uno de dos vestidos, etc., el niño comienza a demostrar que puede tomar una decisión y elegir uno de los dos objetos ofrecidos.
- Comienzan a jugar pretendiendo que es otra persona, objeto, animal, etc. "Ahora voy a ser un monstruo", o "Ahora voy a ser la maestra."

Lenguaje

- Un niño en edad pre-escolar puede comenzar a mantener conversaciones. Sus respuestas pueden o no pueden tener sentido.
- Les encanta escuchar y cantar canciones que tienen melodía o palabras que se repiten varias veces.
- Les gusta aprender nuevas palabras y buscan comprender su significado.
- Comienzan a hacer preguntas, como por ejemplo ¿Porqué?, ¿Puedo tener uno de esos?, o ¿Adónde vas?.

- Al cumplir los tres años, el niño hace preguntas de no más de tres palabras como ser ¿para adónde vas?, ¿puedo tener uno?. Antes de cumplir los cuatro años, el niño hace preguntas de hasta cuatro palabras, como por ejemplo ¿puedo ir para allá?, ¿Te gusta este color?.
- Combinan hasta siete palabras para completar una oración. Su lenguaje empieza a ser más sofisticado.
- Los adultos pueden comenzar a hablar con los niños usando palabras y oraciones de hasta siete palabras gramaticalmente correctos, enseñando a coordinar y unir las palabras para formar las oraciones y expresar conceptos de manera correcta (sintaxis).
- Comienzan a asociar palabras con objetos siempre y cuando estén presentes en el medio ambiente (semántica).
- Aprenden a usar el lenguaje en distintas situaciones sociales, ya sea, dando información (lo haré en un minuto), persuadiendo (¿juegas conmigo?), pidiendo cosas (¿Señora, puedo comer el chocolate?) o saludando (¿Cómo estás?).
- Al niño le encanta ver libros con fotografías o dibujos.

Cognitivo

- Incrementan su habilidad de mantenerse concentrados, lo cual les permite completar actividades más complejas e incrementar su elección de actividades que quiere hacer.
- Usan juguetes para simbolizar actividades u objetos reales, por ejemplo jugar a cocinar o al doctor.
- Les gusta jugar usando la fantasía. Por ejemplo, les gusta servir un helado imaginario a otros niños.

- Al acercarse a su cuarto cumpleaños, usan objetos reales para jugar, como una olla o un teléfono real.
- Empiezan a armar rompecabezas.
- Comienzan a pensar de manera lógica y abstracta, las cuales son prescindibles en el aprendizaje de las matemáticas.
- Pueden clasificar o describir objetos nombrando uno o más de sus atributos. Por ejemplo, el color, el tamaño, o la forma. Estos atributos se convierten en detalles de gran importancia en la discriminación de lo que le gusta y lo que no le gusta.
- Comienzan a usar palabras que determinan tiempo, como ser "mañana" o "ayer". El uso de las palabras puede ser correcto como incorrecto.
- Al acercarse al cuarto cumpleaños saben los nombres de los colores básicos.
- Un niño puede generalmente reconocer su nombre cuando está escrito en letra imprenta.
- Pueden reconocer y nombrar las más importantes partes del cuerpo, como ser las orejas, los ojos, la nariz, la boca, manos, pies y el vientre.
- Pueden usar palabras que determinan posición, como ser "arriba", "abajo", "adentro", "afuera".

Cuatro años:

Desarrollo Motor

- Antes de cumplir su quinto cumpleaños, el niño ya ha aprendido a atarse los zapatos y vestirse solo.
- Se caen muchas menos veces cuando corren y son más ágiles.
- Pueden tirar objetos más lejos y con más precisión.
- Desarrollan rápidamente la coordinación de los ojos con las manos, así como también el uso de los músculos más largos del cuerpo.

- Pueden montar una bicicleta de tres ruedas y en algunos casos de dos ruedas, teniendo menos accidentes y manteniendo el equilibrio por períodos de tiempo más extensos.
- Pueden armar rompecabezas de doce a dieciocho piezas con facilidad.
- Comienzan a escribir y a leer.
- Pueden empezar a completar proyectos usando pegamentos y pequeñas tijeritas.
- La habilidad de pintar con pinceles sigue desarrollándose, y antes de llegar al quinto cumpleaños, pueden sostener un pincel con tres dedos.
- Al final de este año pueden escribir su nombre y los nombres de las personas más cercanas.
- Mejoran el uso de sus músculos largos para tirar, saltar, tomar y trepar al compararlo con el uso al tercer año de vida, pero todavía no son tan bueno como su uso en el quinto año de vida.

Desarrollo Emocional y Social

- A esta edad, los niños comienzan a demostrar responsabilidad obedeciendo las reglas de la clase, como ser mantener la limpieza, compartir y esperar su turno.
- Los niños de cuatro años son muy sociales y prefieren jugar con otros niños en vez de jugar solos.
- Pueden jugar de manera colaborativa pero todavía no pueden dar reglas claras.
- Comienzan a prestar atención y concentrarse por un tiempo más extenso, aunque aún pueden distraerse fácilmente.

- Pueden prestar atención por períodos de diez o más minutos mientras escuchan historias, cuentos, cantan y juegan con otros niños.
- Aprenden a esperar su turno y tener paciencia, sobre todo esperar para recibir algo deseado, su turno en una línea de gente, o su turno en actividades planeadas.
- Los niños empiezan a hacer preguntas relacionadas con su sexo, por lo cual demuestra curiosidad en la identidad masculina o femenina. Preguntas sobre las diferencias corporales son muy comunes a esta edad.
- Sus habilidades verbales se desarrollan rápidamente. El niño necesita practicarlas y perfeccionarlas, por lo cual busca a otros niños para hablar excesivamente de las cosas o los asuntos que les interesa.
- A esta edad, el niño busca tener relaciones más significativas con otros niños. Generalmente, pero no siempre, los niños buscan la amistad de otros niños del mismo sexo.
- A medida que interactúa de una manera más activa y crece emocionalmente y socialmente, el niño comienza a comprender puntos de vista o referencia de las otras personas.
- Pueden comprender la capacidad de una persona de estar alegre o triste, y además pueden relacionar el sentimiento con algún acontecimiento, como por ejemplo decir: "La niña llora porque el nene le pegó."
- Comienzan a demostrar miedo cuando ven, por ejemplo, cortinas que se mueven, sombras en la pared, voces desconocidas, etc. Consolidan la comprensión del concepto de peligro, y separan lo real de lo que no es real.

Desarrollo lingüístico

- A esta edad, los niños comienzan a expresar pensamientos de naturaleza más compleja, como por ejemplo: "Quiero comer todas las comidas, porque mi mamá me dijo que si como bien voy a estar sano."
- Pueden memorizar las letras de canciones más largas.
- Pueden escribir su nombre y apellido. Aún pueden mostrar faltas de ortografía, pero el nombre escrito es reconocible.
- Pueden contar un cuento de principio al fin. Al mismo tiempo, pueden contar una historia con una secuencia lógica de los acontecimientos.
- El desarrollo lingüístico sigue avanzando, pero el niño todavía produce errores gramaticales, los cuales generalmente son corregidos al final de los cinco años de edad.
- A esta edad, los niños pueden completar una orden de tres pasos consecutivos. Por ejemplo, pueden comprender y completar exitosamente ordenes como: "Desvístete, dobla tu ropa, y ponla en el cajón."
- Pueden referirse a "ayer", "hoy", y "mañana correctamente.
- Algunos niños pueden tener dificultad pronunciando algunas letras.
- Es común que los niños de esta edad usen excesivamente los pronombres como ser él/ella, yo, nosotros o ellos.

Desarrollo Cognitivo

- Los niños comienzan a demostrar un incremento en la habilidad de razonar, aprender a tomar decisiones, explicar acontecimientos o emociones, predecir, comprender situaciones más complejas, y manipular a la gente para conseguir lo que quiere o necesita. La capacidad de razonar se va desarrollando con la ayuda del juego, pues el niño necesita cuestionarse o resolver situaciones.

- Los niños comienzan a integrar distintos objetos en áreas más generales que tienen un tema común. Por ejemplo, comprenden que un zoológico es el lugar adonde se encuentran agrupados los animales, la escuela es una institución en la cual los niños van para aprender diversas cosas, la playa es un lugar adonde la gente va a bañarse al mar y broncearse al sol, etc.

- Comienzan a comprender conceptos simples, como ser la edad, los números, el tamaño, el peso, los colores, las formas, las texturas, y las distancias. Por ejemplo, el niño puede decir: "mi mejor amigo vive cerca de mi casa", o "no puedo levantar la silla pues es muy pesada", o "yo soy más alta que mi hermanito menor".

- Comienzan a categorizar objetos por el color, el tamaño, la forma. Al mismo tiempo, empiezan a diferenciar objetos de acuerdo a la textura, el propósito del uso (herramientas, instrumentos musicales, etc.).

- Pueden ordenar objetos de acuerdo al tamaño, ya sea de pequeños a más grandes o viceversa.

- Pueden empezar a comprender diversos patrones lógicos, como por ejemplo 123123412345, círculo-cuadrado-circulo-cuadrado, o ababcabcd.

- A los cuatro años, los niños aprenden algunas letras, pero a esta edad también aprenden a nombrar las letras en orden alfabético y se interesa en el alfabeto. Además se dan cuenta que las letras son la representación del habla en forma escrita, lo cual les crea curiosidad y empiezan a leer todo lo que ve a su alrededor.

- Comienzan a desarrollar sus habilidades lingüísticas de manera mucho más activa. Ya sea escribiendo constantemente letras o garabatos, hablando constantemente con las personas a su alrededor, contando historias, o empezando a hojear libros. El niño muestra la importancia que le otorga a la comunicación verbal y escrita.

Cinco años

Desarrollo motor y físico:

- Durante este año, los niños comienzan a tirar un objeto a un punto determinado. Buscan participar en actividades deportivas como el fútbol, el béisbol y el baloncesto (basketball).
- Pueden tomar la pelota cuando alguien se la tira, rebotarla, tirarla, y así incrementar la habilidad de coordinar su vista con sus movimientos motores.
- A esta edad, y como consecuencia del incremento de sus habilidades motoras, los niños buscan balancearse usando barandas, o diversas estructuras. Perfeccionan su habilidad de usar la bicicleta y les gusta correr y caminar tanto para adelante como para atrás.
- Muestran el dominio de usar la mano derecha o la izquierda, o demuestra ser ambidiestro.
- Poder balancearse es una actividad que causa maravilla y placer a los niños, lo cual lo incentiva a saltar objetos de 20 a 25 centímetros de altura y saltar una soga.
- Aprenden a usar la bicicleta de dos ruedas.

Desarrollo Social y Emocional

- A medida que aprenden más sobre sí mismos, su medio ambiente y la gente a su alrededor con los cual se encuentra en su vida cotidiana, los niños adquieren una mejor comprensión de las reglas sociales y juegos deportivos.
- El incremento de sus habilidades de comunicación verbal y no verbal con la gente, les permite tener una comprensión y cumplir con las reglas explicitas, como también intrínsecas, de la conducta social y los juegos deportivos.
- A esta edad, los niños prefieren tener un amigo preferido y excluir a los demás. Esta conducta obedece a la necesidad del niño de diferenciar objetos, personas y experiencias que le son de agrado con aquellos que no lo son.
- Reaccionan con ansiedad, furia y gran excitación, y aprenden a procesar, medir y controlar sus sentimientos con la ayuda de los adultos.
- Les gusta explorar nuevas cosas sin tener en consideración las consecuencias de sus actos.
- Les encanta que la gente los felicite por sus logros y prefieren hacer cosas por sí mismos.
- Demuestran empatía por los sentimientos de otra gente y se sienten muy apegados a sus hermanos/as.

Desarrollo lingüístico

- El habla comienza a ser más cercano a aquel de un adulto. Pueden decir oraciones usando de seis a diez palabras de modo correcto.
- A medida que incrementan su vocabulario, los niños aprenden a expresarse usando lenguaje más

descriptivo, como por ejemplo: "la señora vestía una ropa de color rojo con flores de color amarillo".

- La palabra "porqué" es la de más importancia en este período de su vida. A medida que el niño comienza a desarrollar su habilidad de razonar, le busca la consecuencia o la causa a todas las cosas. Preguntas que son comunes en este período son "¿Porqué hay que hacer esto?, o ¿Porqué la comida esta fría si antes la calentaste?. De la misma manera, la curiosidad de los niños durante esta edad llega a niveles estratosféricos. Pregunta ininterrumpidamente sobre todo lo que ve a su alrededor, como por ejemplo ¿Por qué el sol sale a la mañana y las estrellas a la noche?, o ¿De dónde vengo o de donde vienen los bebés?, etc.

Desarrollo cognitivo

- Al aprender a contar los números en secuencia, el niño también aprende a organizar serialmente, así como también contar objetos, asegurándose que no va a olvidarse ninguno de ellos usando su memoria y mentalmente manipulando los números.
- Les gusta usar medidas para las cosas, como por ejemplo decir "fuimos a las dos de la tarde y estuvimos media hora" o "la niña tiene un cabello muy largo."
- Comienzan a diferenciar los billetes de dinero y las monedas de distintos valores, además pueden comprender porcentajes, como ser "quiero uno entero", o "quiero la mitad", o "quiero la cuarta parte".
- Empiezan a interesarse en el movimiento. A los niños de esta edad les fascina ver el movimiento del baile, la ropa en el lavarropas, y los autos moviéndose en la calle.

Seis años

Desarrollo motor y físico

- Saltear, patear, correr, tirar y trepar ya son actividades de la vida diaria de los niños de esta edad.
- Los niños se sienten que ya han logrado la maestría en el uso de los músculos largos del cuerpo y buscan perfeccionar el uso de los músculos más pequeños, como ser los de las manos. La habilidad de escribir se va perfeccionando, aunque aún demuestran dificultad escribiendo algunas letras y números.
- Pueden vestirse completamente solos, así como también cepillarse los dientes.

Desarrollo social y emocional

- Los niños de esta edad gustan comenzar y terminar amistades, para así, de esta manera, desarrollar la confianza en sí mismo y comprender las consecuencias de la interacción social en distintas situaciones.
- Les gusta seguir las reglas presentadas pues les aportan un sentido de seguridad.
- En la mayoría de los casos, los niños de esta edad juegan con niños de su mismo sexo.
- En general se dice que los niños de esta edad "son temperamentales" pues sus estados de ánimo cambian frecuentemente.
- Uno de los logros más importantes de un niño de seis años es el poder actuar responsablemente y completar actividades, deberes u obligaciones por su cuenta.

Desarrollo lingüístico

- A esta edad, los niños corrigen muchos de sus errores gramaticales y perfeccionan su expresión usando la estructura de la oración (sintaxis) de manera correcta.
- Hacen muchas preguntas de manera constante para ampliar su conocimiento general y estimular sus habilidades cognitivas.
- Les gusta escuchar y contar historias o cuentos para desarrollar sus habilidades expresivas. Buscan conversar con adultos no sólo pues buscan ser el centro de atención, sino porque también lo ven como una manera de jugar y entretenerse.
- A medida que crece la habilidad de expresarse verbalmente, los niños prefieren proveer explicaciones para resolver problemas, en vez de tomar acciones para corregir la situación.

Desarrollo cognitivo

- La capacidad de poder concentrarse y prestar atención se extiende de veinte a treinta minutos.
- Comienzan a conceptualizar la noción del tiempo. Comprenden a qué hora tienen que estar en la escuela, sus programas favoritos son televisados, o a qué hora vuelven generalmente a su casa de la escuela.
- Aprenden las cuatro estaciones del año y lo que cada una de ellas implica. Saben que el verano es caliente, que el invierno es frío, las flores de la primavera y las hojas secas del otoño, pero todavía no comprenden la razón científica de cada uno de estos eventos.

- Pueden contar números pasando el número cincuenta y agrupar los números en bloques de cinco, diez, etc.
- Comienzan a fascinarse con la lectura, convirtiéndose así en ávidos lectores. Esta actividad les permite incrementar la comprensión, interpretación y la capacidad de pensar de manera lógica y sistemática. De la misma manera, los niños, a medida que el vocabulario va incrementando, empiezan a fascinarse y comienzan a explorar su capacidad de expresarse a través de la escritura.
- Aprenden a separar monedas de acuerdo a sus valores.
- Encuentran placer y les interesa constantemente armar y desarmar distintos objetos para comprender cada parte del objeto por separado y como parte de algo más grande.
- Comienzan a comprender la suma y la resta de números.
- Comienzan a dibujar figuras de dos o tres dimensiones, como ser triángulos, o casas con las paredes, etc.
- Aunque los niños saben los días de la semana antes de llegar a esta edad, ellos aprenden que son parte de algo más grande, como ser una semana o un mes.

Siete años

Desarrollo motor y físico

- La actividad física y deportiva puede incrementar su desarrollo motor. Los niños generalmente eligen un deporte de acuerdo a su maestría motriz y su preferencia personal. A esta edad, los niños son más ágiles y sus habilidades de coordinación motora crecen rápidamente.

- Las habilidades motoras de los músculos pequeños, sobre todo los de las manos y dedos, les permite escribir y dibujar con más precisión y claridad.

Desarrollo social y emocional

- Los niños de esta edad disfrutan actividades grupales, sociales y deportivas, pero también disfrutan actividades solitarias como coleccionar figuritas o buscar conchitas marinas en la playa.
- Les gusta cooperar con otros y aceptar reglas grupales como manera de verse aceptados por los otros.
- Comienzan a desarrollar el sentido de lo que es moral. Comienzan a preocuparse por la gente que no tiene adonde vivir, la guerra, el hambre sufrido por la gente, etc.

Desarrollo lingüístico

- Los niños de esta edad incrementan la capacidad del pensamiento lógico secuencial y pueden contar historias con principio, desarrollo de los acontecimientos, y final. Sus historias son generalmente de animales, monstruos y eventos de la vida. Al contar historias, estimulan la imaginación y les provee satisfacción sentirse el centro de la atención, como así también demostrar que pueden tener logros positivos.
- Los niños de esta edad escriben con menos errores ortográficos y pueden escribir pequeñas historias.

Desarrollo cognitivo

- Pueden comprender textos más sofisticados e incrementar su placer en la lectura.
- Encuentran placer en escuchar y decir chistes.
- El uso de la computadora lo desafía a pensar como llegar a las distintas aplicaciones.
- Muestran interés en mapas, gráficos y en el espacio con los planetas.
- Aprenden los meses de año.
- Demuestran interés en conocer datos y los personajes históricos, los eventos como ser las elecciones gubernamentales o presidenciales, o desastres naturales.
- Les gusta medir material concreto como ser una mesa o algo abstracto como ser la cantidad de horas necesarias para volver a la casa de la escuela.

CAPÍTULO TRES

EL ORIGEN DE LAS EMOCIONES Y LA PSICOPATOLOGÍA

¿Qué es considerado ser un niño mentalmente sano?, ¿Cómo y cuándo se crean las emociones?, ¿Cómo se crean las psicopatologías?, ¿Cuáles son los factores que influyen?, ¿es el proceso prevenible, reversible o irreversible?, ¿cómo me puedo dar cuenta si hay un problema?

Cuando estudiamos la psicología evolutiva, consideramos por un lado el desarrollo psicológico de la persona, y por el otro lado estudiamos las conductas resultantes de la mala adaptación de la persona; estos dos procesos son evaluados separada y conjuntamente, y luego es analizado el modo en que conjuntamente influyen en la conducta y el bienestar emocional de la persona. La psicopatología evolutiva, por lo tanto, estudia los procesos psicológicos de evolución a través del tiempo, y también incluye la predicción de conductas de mala adaptación. Estos son temas que vamos a explorar en éste capítulo.

¿Qué es la salud mental normal?

En primer lugar, para poder evaluar la salud mental de nuestro niño, es imprescindible tener un conocimiento básico de lo que es considerado ser mentalmente sano.

Es muy difícil calificar con la palabra "normal" a la salud mental, pues el concepto de normalidad difiere de una sociedad a la otra, lo cual hacen muy ambiguas a las definiciones. Algunas de estas definiciones establecen que "la normalidad es lo aceptable en una sociedad determinada, aunque puede ser anormal en otra sociedad", o "normalidad es un estado de completa salud mental y bienestar a nivel social", pero éstas definiciones son muy ambiguas. En su libro "El mito de la enfermedad mental", el psiquiatra Dr. Thomas Szaz, dice: "la salud mental es un término que se debe suprimir, pues lo normal es lo que la gente hace o deja de hacer."

De todos modos, hay distintas perspectivas en la evaluación o definición de la normalidad. La ciencia de la medicina declara distintas formas de evaluar a la normalidad, pero principalmente establece que la enfermedad "existe o no existe cuando hay o no hay patología", y, de tal manera, para los psiquiatras, "la conducta de la persona es normal cuando no hay una psicopatología."

Analizando desde el punto de vista de la psicología, un niño es considerado "sano" cuando: 1) existe una relación de apego sana con los padres o las personas que lo crían, 2) hay un buen control de las emociones y los impulsos, 3) el niño crea un buen concepto de sí mismo, y 4) el niño llega a funcionar con su mayor potencial.

La segunda perspectiva es la "del promedio", o sea, la usada por estudios de normas de conducta estadísticamente establecidas. Tanto los psicoterapeutas como los psiquiatras usan diferentes exámenes psicológicos para establecer si la totalidad de las respuestas de la persona en un examen psicológico presentan en su conjunto un funcionamiento "normativo" de la conducta y/o el afecto cuando es estadísticamente comparado con un gran grupo de la población.

La tercera perspectiva establece que la normalidad es la armonía de los diferentes estados mentales, los cuales juntos llevan a un funcionamiento emocional óptimo de la persona. Esta es una perspectiva mantenida mayormente, pero no únicamente, por los psicoanalistas.

Finalmente, la cuarta perspectiva de normalidad establece que, en la salud mental, la normalidad es el resultado de la interacción funcional de sistemas. En general, ésta es una perspectiva que es aceptada en la ciencia social así como también por psicólogos conductistas.

A través de los años, numerosos profesionales de diversos campos de la ciencia, han estudiado y ofrecido distintas descripciones, interpretaciones, teorías, e investigaciones relacionadas a los distintos aspectos del desarrollo motor, psicológico, social, moral, sexual, lingüístico y cognitivo de los niños.

Freud describe cinco fases en el desarrollo psicosexual de la persona: oral, anal, fálica (de los tres a los cinco años, el desarrollo psicosexual relacionado al área erógena de los genitales), de latencia (período en el cual el niño solidifica los hábitos obtenidos en las fases anteriores) y la fase genital. Las cuatro primeras fases ocurren durante el desarrollo infantil. Freud agregó que si durante cualquiera de estas fases el niño experimenta ansiedad en relación a los cambios biológicos, las ansiedades relacionadas a esa etapa podrían persistir en la vida adulta como neurosis que pueden conducir al desarrollo de psicopatologías.

Anna Freud describió las etapas de desarrollo como un proceso de constantes resoluciones de desafíos, como ser, entre otros, la dependencia y la independencia u orinar y controlar la vejiga. Estos desafíos, según Anna Freud, delinean el desarrollo del niño desde el momento en que es un ser humano relativamente inmaduro hasta ser un niño completamente desarrollado y conviviendo con la complejidad del mundo exterior.

Carl Gustav Jung consideró que los factores ambientales tienen una significativa influencia en el crecimiento y la adaptación psicológica del niño durante las distintas etapas de su vida. Para Jung, el proceso de individualismo y expansión de la personalidad ocurre cuando el niño aprende, a través de su interacción con el medio ambiente, lo que él sí es y lo que él no es. Jung destacó que el libido es la fuente de la energía psíquica, pero no lo limita a la sexualidad y la agresión como lo explicó Sigmund Freud, sino que también incluye la necesidad religiosa o espiritual y la necesidad de encontrar una razón y un sentido profundo a nuestras vidas.

De acuerdo a Harry Stack Sullivan, el desarrollo humano es significativamente influenciado por eventos externos, y cada etapa del crecimiento de la persona está marcada por la necesidad de interactuar con el medio ambiente y con ciertas personas, las cuales influyen en la formación de la personalidad. Para Sullivan, la normalidad es la capacidad de la persona de ver la realidad de una manera apropiada.

Erik Erikson, basado en la teoría de la sexualidad infantil de Freud, delineó ocho ciclos vitales en la evolución psicosocial del ser humano, a los que denominó "La teoría psicosocial". De acuerdo a su teoría, el ser humano confronta crisis o conflictos en las diferentes etapas de su crecimiento. La resolución de estas crisis o conflictos puede ser tanto positiva y saludable, o negativa, la cual puede crear psicopatología. La persona pasaría al ciclo siguiente siempre y cuando resuelva el ciclo anterior exitosamente, aunque, de acuerdo a Erikson, esto no ocurre en la mayoría de las personas. Los primeros cuatro ciclos, los cuales ocurren en el transcurso de la infancia, son los siguientes:

1. **Confianza Básica vs. Desconfianza.** (desde el nacimiento hasta aproximadamente los 18 meses). Este ciclo está dominado por la relación física que genera la confianza. El bebé recibe el calor del cuerpo de la madre y sus cuidados amorosos. Se desarrolla el vínculo que será la base de sus futuras relaciones con otras personas importantes; es receptivo a los estímulos ambientales y por eso es sensible y vulnerable. Las primeras "semillas" en el desarrollo de la individualidad de la persona crecen como resultado de las experiencias de frustración, así como además la aceptación, la seguridad, y la satisfacción emocional. El niño es receptivo y dependiente de la confianza que los padres reflejan en sus hijos.

2. **Autonomía vs. Vergüenza y Duda** (desde los 18 meses hasta los 3 años aproximadamente). Esta etapa está íntimamente ligada al desarrollo muscular y el control de las eliminaciones del cuerpo que el niño comienza a desarrollar. Este desarrollo es lento y progresivo y no siempre es consistente y estable, por lo cual, el bebé pasa por momentos de vergüenza y duda. El bebé comienza a mostrar una creciente afirmación de su propia voluntad y de un yo naciente, los cuales los demuestra oponiéndose a los demás. El niño empieza a experimentar su propia voluntad autónoma comportándose impulsivamente, y oscilando entre la cooperación y la terquedad. Estas conductas demostradas por el niño, así como las actitudes de los padres, son fundamentales en el desarrollo de la autonomía del niño.

3. **Iniciativa vs. Culpa** (desde los 3 hasta los 5 años aproximadamente). La tercera etapa denominada de la iniciativa versus la culpa ocurre en la edad en que el niño comienza a explorar el juego. El niño es más activo, comienza a desarrollarse la percepción

mágica del mundo, y consecuentemente su imaginación florece. Es más enérgico y locuaz, aprende a moverse más libre y ágilmente, su conocimiento del lenguaje se perfecciona, su habilidad de comprensión empieza a desarrollarse, y constantemente hace preguntas para saciar su curiosidad y encontrar sentido a las cosas. Éste proceso le permite expandir su imaginación, y adquirir un sentimiento de iniciativa, el cual influye en ayudar a crear el sentido de ambición y de propósito. Es excesivamente activo y energético, explora todo lo que puede y lo que no puede hacer. Al niño le gusta medir:

1. La intrusión en el espacio mediante una locomoción o movimiento vigorosos,
2. La intrusión en lo desconocido como consecuencia de una gran curiosidad,
3. La intrusión en el campo perceptual de los demás,
4. Fantasías sexuales, (Los juegos en esta edad tienen especiales connotaciones simbólicas sobre aspectos sexuales). Respecto de esto último, el niño posee una genitalidad rudimentaria y tiene muchas veces sentimientos de culpa y temores asociados a ello.

Laboriosidad vs. Inferioridad (desde los 5 hasta los 13 años aproximadamente). Es la etapa del comienzo de la instrucción preescolar y escolar. El niño está ansioso por hacer cosas junto con otros, y busca dominar la experiencia social experimentando, planificando, y compartiendo. Se siente insatisfecho y/o frustrado al ver que no es capaz de completar o hacer algo. El niño busca hacer bien y perfeccionar distintas cosas. Tiene la capacidad de sentirse inferior, ya sea por su situación económica y/o social, por su condición "racial", o debido a una deficiente estimulación escolar, pues es precisamente la institución escolar la que debe velar por el establecimiento del sentimiento de laboriosidad.

Jean Piaget investigó la evolución cognitiva de los niños, proponiendo que el desarrollo cognitivo de los mismos no ocurre totalmente sin problemas, por el contrario, hay ciertos momentos en el desarrollo del niño en que "es confrontado" intelectualmente con nuevos desafíos. En estos casos, el crecimiento intelectual es la consecuencia de la resolución de estos desafíos de manera exitosa, desarrollando nuevas funciones y ejercitando sus capacidades intelectuales y/o biológicas.

Piaget establece que estas transiciones tienen lugar cuando los niños llegan a las edades de 18 meses, 7 años y 11 años o 12 años, y además agrega que, antes de llegar a tener ciertas edades, los niños no tienen las habilidades intelectuales (no importa cuán brillante sea el niño) de aprender o comprender determinadas cosas o conceptos. Éste concepto se utilizó como base para la construcción de los programas de educación.

Piaget, quien además fue epistemólogo y biólogo, dividió la evolución cognitiva de los niños en cuatro etapas: la fase sensorial-motriz, la fase del pensamiento pre-operacional, la fase de las operaciones concretas y la fase de las operaciones formales. Cada fase es un prerrequisito para llegar a la siguiente fase, aunque la edad en que el niño pasa de una fase a otra depende del medio ambiente en el cual se cría, como también de sus dotes naturales.

El resultado de su investigación ha tenido una gran influencia en la educación, especialmente en el rol de la madurez intelectual, la capacidad de los niños en comprender el mundo que los rodea durante las distintas edades, y concluyendo que los niños no pueden realizar ciertas tareas hasta que sus habilidades cognitivas lleguen a distintos niveles de madurez.

1) **La fase sensorial-motriz** transcurre desde el nacimiento del niño hasta aproximadamente un año y medio a dos de edad. Desde el comienzo de la vida, la biología y las experiencias vividas por el bebé se combinan y se unen para crear nuevas conductas como así también modos de recibir y responder a los estímulos. Los niños se mueven más a medida que sus habilidades motoras se van desarrollando, y al mismo tiempo aprenden a confrontar relaciones o situaciones más complejas. Durante este período de vida, usa sus sentidos (los cuales están plenamente desarrollados), en conjunto con sus habilidades motrices, para explorar todo lo que lo circunda, observando su alrededor y haciendo uso de sus reflejos.

Durante los dos primeros meses de vida, el niño descubre elementos que le dan placer, como la succión de su propio dedo como substituto del pezón de la madre (aunque éste reflejo ya existe en la vida intrauterina), hace uso de la vista para interactuar con el medio ambiente entre el cuarto mes y el año de vida, empieza a mover objetos como ser un sonajero, y vuelve a repetir acciones para revivir la gratificación que le produce.

El logro más significativo de esta fase es el de la permanencia del objeto, o sea, la habilidad del niño de comprender que los objetos en su alrededor existen independientemente de su persona. El niño aprende a distinguirse del objeto y mantener en su mente la imagen de tal objeto. Cuando el objeto se tira al suelo, el infante lo busca mirando para abajo, lo cual demuestra que el infante ve el objeto como algo separado de sí mismo.

Otro desarrollo es la intencionalidad, o sea, la capacidad de comenzar a actuar con el fin de conseguir algo. Por ejemplo, el bebé empieza a tirar de una cuerda que él sabe va a mover el móvil que se encuentra a su vista sobre la cuna. Entre los 12 y los 18 meses de vida, el infante empieza a conceptualizar la noción de la permanencia de los objetos siempre y cuando el objeto le estimula los sentidos, si el objeto no lo estimula, el objeto para él es inexistente.

A los 18 meses, el cerebro del niño está suficientemente desarrollado para comprender los efectos de las acciones que realiza. Además, el niño tiene la capacidad de efectuar secuencias de acciones, como por ejemplo utilizar un objeto para abrir una puerta. En este período, el niño comienza a usar el lenguaje como modo de expresión y a representar los objetos a través de imágenes o de palabras. Este proceso se denomina simbolización, o sea, si le dice la palabra chupete, el infante puede crear una imagen visual del objeto.

2)   **La fase del pensamiento pre-operacional** tiene lugar aproximadamente entre los 2 y los 7 años de edad. Se caracteriza por la interiorización de las experiencias recibidas durante el estado senso-motor y el desarrollo de nuevas habilidades, como el juego simbólico, la centralización, la intuición, el egocentrismo, la yuxtaposición y la reversibilidad o la inhabilidad de conservar propiedades adquiridas.

El pensamiento del infante es todavía egocéntrico, y tiene dificultades en comprender el punto de vista de los demás. El niño clasifica los objetos por una sola característica, por ejemplo, agrupa todas las fichas de color rojo, independientemente de la forma, o todas las fichas cuadradas o redondas o triangulares, independientemente del color.

El pensamiento y el razonamiento son intuitivos, el niño es incapaz de pensar lógica o deductivamente, sus conceptos son primitivos, y su razonamiento y pensamiento son intuitivos, permitiéndole solamente nombrar un objeto, pero aún sin comprender qué clase de objeto es. Los infantes aún no pueden resolver dilemas morales a pesar de tener un conocimiento de lo que es bueno o malo.

3) **La fase de las operaciones concretas** transcurre aproximadamente entre los 7 y los 11 años de edad. Piaget hace el uso de la palabra "operaciones" refiriéndose a las operaciones lógicas que son usadas en la resolución de problemas. En esta fase, el niño aprende a ver las cosas desde el punto de vista de otros y usa símbolos de manera lógica.

Entre los 6 y los 7 años, comienza a adquirir la capacidad intelectual de recordar cantidades numéricas y volúmenes líquidos. Además, puede comprender que un líquido mantiene su volumen aunque se lo cambie a un tarro de distinta forma. En la fase pre-operativa, por ejemplo, el niño cree que un litro de agua en una botella alta y larga es distinto que un litro de agua en una botella baja y ancha.

Aproximadamente entre los 7 a los 8 años de edad, el niño comienza a desarrollar la capacidad de conservar materiales. Por ejemplo: si toma un pedazo de plastilina y con él hace varias pelotitas, el niño entiende que juntando las pelotitas otra vez puede volver a armar el mismo pedazo de plastilina visto anteriormente. Esta capacidad se conoce como reversibilidad. Alrededor de los 9 a los 10 años, el niño comprende el concepto de la conservación, por ejemplo, cuando se le dan cuadrados de papel, el niño puede deducir que la cantidad de los cuadrados es la misma si se los pone uno encima de otro o a lo largo de una superficie plana.

4) **La fase de las operaciones formales** transcurre a partir de los 12 años de edad. Durante la fase de las operaciones concretas, los niños presentan dificultades en entender situaciones abstractas. Por ejemplo, si una persona le dice que no se burle de una persona gorda y le pregunta que sentiría si le pasara a él, la gran probabilidad es que el niño responda que él no es gordo. A partir de los 12 años, el cerebro humano, a través de la expresión de sus genes, está capacitado para procesar pensamientos abstractos o procesos de tipo hipotético deductivo.

El niño comienza a desarrollar la habilidad de llegar a una conclusión lógica cuando se le presentan dos argumentos. Por ejemplo, si se le dice que "todas las personas son seres humanos", y "todos los seres humanos tienen sangre", el niño puede llegar a la conclusión que "todas las personas tienen sangre." Además, en esta fase, el niño puede razonar para seguir reglas, empieza a desarrollar el sentido de la moralidad y un código de valores, puede serializar, ordenar, y agrupar cosas en distintas clases de acuerdo a sus características.

El trabajo de Piaget es de suma importancia en el tratamiento psicológico de un niño. Uno de sus logros más importantes es el comienzo de lo que se considera "la revolución cognitiva", la cual incrementa el énfasis en los elementos cognitivos durante la psicoterapia, en contraste con la terapia psicodinámica, que se enfoca en los afectos y los impulsos, y en contraste con la terapia conductista, cuyo foco se encuentra en las acciones y los resultados visibles.

A través del estudio de las diferentes fases de la evolución cognitiva, los terapistas, maestros y psicopedagogos, pueden crear programas terapéuticos basados en las habilidades cognitivas y emocionales que los niños van desarrollando en las distintas edades. Por ejemplo, un niño que se encuentra en la fase senso-motor no ha llegado a desarrollar el concepto de permanencia de un objeto y puede sufrir ansiedad si el padre o la madre lo deja solo en un hospital durante la noche, por lo cual los hospitales permiten la presencia de un padre en el tiempo que el niño está internado. Los niños en la etapa pre-operacional no pueden comprender conceptos abstractos, por lo cual es mejor enseñarles a través de algún juego, el dibujo o el uso de algún juguete.

A través de los años, las conductas de los padres influyen en el desarrollo de los niños. La calidad de la interacción de los padres con el niño puede incrementar o reducir la actividad cognitiva, motor y emocional del bebé, como así también incrementar o reducir la adaptabilidad al medio ambiente.

Teoría del apego

El "apego" es un enlace emocional entre un infante y su cuidador, el cual se origina y se profundiza gradualmente durante el primer año de vida. De acuerdo a John Bowlby, el apego normal en la infancia es de extrema importancia en el desarrollo mental y emocional de la persona. Para Bowlby, quién fue un psicoanalista, el apego sano ocurre "cuando hay una cálida, íntima y estable relación con la madre, y de la cual ambas partes reciben satisfacción y alegría."

En su libro titulado "La separación, la ansiedad y la ira (1973), Bowlby introdujo dos ideas teóricas que son cruciales en la comprensión de las relaciones de apego de la gente:

1) Hizo hincapié en que el ser humano crea modelos de interacción social a través de la interacción con sus padres durante la infancia, los cuales le ayuda a "pronosticar" el

futuro de sus interacciones con la gente en general, proveyéndole seguridad cuando la interacción es buena, o ansiedad cuando la interacción es negativa.

2) Bowlby recalcó que, a pesar que el niño aprende a pronosticar muchos aspectos de la conducta de sus padres, el elemento crítico de importancia en la provisión de seguridad al niño es la disponibilidad de sus padres cuando él los necesita o los llama.

Además, Bowlby aseguró que:

1) los niños se sienten seguros cuando sus pedidos son correspondidos por las personas con las cuales se siente apegado, 2) más importante aún es la calidad de la comunicación en el apego entre las dos partes, por lo cual la presencia no es el único elemento de consideración, y 3) la falta de comunicación o de una relación de apego crea el riesgo de problemas de adaptación, no sólo mediante el aumento de la ansiedad del niño acerca de la disponibilidad de los padres, sino también por la distorsión de la expresión de las emociones relacionadas con el apego, que es reflejada en tener miedo, la ira y la tristeza. Bowlby declaró que la atención y el apego son tan importantes para el desarrollo del niño como la dieta y la nutrición.

Sin duda, lo más importante en el desarrollo de una creación de un enlace emocional entre el infante y su cuidador es la habilidad del cuidador de responder rápidamente y de una manera sensible a las señales de estrés por parte del bebé o el infante.

Origen de la teoría del apego

Durante los fines de la década de 1940, Bowlby investigó a un grupo de 44 niños y niñas institucionalizados por robo.

Los informes indicaban que en casi todos los casos, los sujetos tuvieron padres que los trataron con violencia y abuso emocional. Bolwby incluyó en su investigación la importancia de la relación madre-hijo, llegando a la conclusión que estos niños, los cuales habían sido gravemente privados de atención materna, tendieron a desarrollar síntomas consistentes con lo que Bowlby identificó como "carentes de afectos". Los niños institucionalizados se convirtieron en individuos que carecían de sentimientos, sus relaciones eran superficiales, y las tendencias de sus conductas eran hostiles y antisociales. A pesar de los grandes esfuerzos de los terapistas infantiles en cambiar y mejorar las relaciones con los niños y niñas institucionalizados, la mayoría de ellos fueron prácticamente imposibles de ayudar.

Las reacciones de los niños a la interrupción del vínculo de apego

Robertson y Bowlby (1948-1952) identificaron tres fases que los durante las separaciones de los niños de su madre, cada una caracterizada por una actitud hacia la figura de la madre ausente: estas fases son denominadas "protesta", "desesperación" y "desapego".

La protesta es la fase inicial la cual dura aproximadamente desde unas horas hasta una semana. En general, el niño llora o grita como una manera de expresar su angustia por la separación. El niño llora en voz alta, demuestra la ira golpeando una puerta o moviendo la cuna al mismo tiempo que busca a la madre. La actitud dominante durante esta fase es la esperanza que la madre regrese, y el niño intenta activamente recuperar su contacto con ella. El miedo y la angustia ocurren cuando el niño instintivamente siente que está en peligro pues su madre no está alrededor suyo, y la ira sirve para incrementar sus esfuerzos en el restablecimiento del contacto con la madre.

La fase de la desesperación, la cual sucede a la fase de la protesta, se caracteriza por un comportamiento que sugiere la pérdida de la esperanza sobre el regreso de la madre. A pesar que el niño sigue llorando, la actividad física disminuye y al mismo tiempo muestra menos interés en el medio ambiente y la gente a su alrededor. Bowlby considera esta fase como lo más parecido a un duelo profundo.

La tercera fase comienza cuando el niño renueva su atención al medio ambiente y no rechaza cuidadores alternativos. Algunos niños incluso socializan con otros adultos o compañeros. La naturaleza de esta fase se hace más evidente durante el reencuentro con la madre. Un niño que llegó a la fase de desprendimiento demuestra una notable ausencia de la alegría por el regreso de la madre, y en lugar de mostrar entusiasmo, el niño reacciona con apatía. Al proveer una explicación sobre la angustia durante la separación, Bowlby sugirió que muchas de las conductas del infante se organizan en torno del mantenimiento de la proximidad con los padres. Visto en el contexto de la evolución humana, éste comportamiento responde a la función biológica de la protección de las especies, explicando que los pequeños que mantienen la relación de apego son más propensos a protegerse y tener una más alta probabilidad de supervivencia.

El estudio del apego inconsistente en la infancia y su proyección a la edad adulta proporciona importantes pistas sobre la relación entre el apego y la psicopatología humana. La expresión de la agresividad, la ansiedad o el miedo son funciones importantes de auto-control, motivación y comunicación de los individuos.

Normalmente, el miedo actúa como una alerta, señalando al niño la angustia de no sentir o tener el contacto reconfortante necesario. La ira también juega un papel importante como respuesta a la interrupción de la relación de apego. Bowlby sugirió que cuando las separaciones son temporarias, la ira puede servir 1) para motivar a un niño a superar obstáculos en el reencuentro con la figura de apego y 2) comunicar su reproche a la figura de apego y desalentarla a que no esté disponible en el futuro. Aún así, la ira puede también llegar a ser destructiva y no funcional para el niño cuando el cuidador la malinterpreta y responde retribuyendo al niño con más ira y prefiriendo alejarse del mismo.

La tristeza acompaña naturalmente al reconocimiento que una figura de apego no está accesible y que los esfuerzos para restablecer el contacto no son exitosos. A diferencia del miedo y la ira, la tristeza comienza a ocurrir cuando la persona empieza a aceptar la ausencia y la pérdida de la figura de apego. El niño generalmente se retrae, este comportamiento normalmente es acompañado por la tristeza, y la falta de conexión con el medio ambiente le ofrece tiempo para aceptar los cambios deseados y evaluar opciones.

Expresiones de las emociones de apego y la psicopatología

Bowlby describió al apego como una necesidad fundamental de origen biológico y en la cual la conducta del niño está delineada en preservar la relación a la persona cercana y preferida para mantener su sentido de seguridad. Las emociones del miedo, la ira y la tristeza en un niño son normales cuando una figura de apego desaparece, pero al ser ignoradas por el niño, o no correspondidas por el adulto, estas emociones pueden distorsionarse y así se crean serios problemas emocionales. Si la tristeza y la desesperación no son correspondidas, se pueden convertir en síntomas depresivos más intensos y, al agregarse la ira, pueden transformarse en comportamientos agresivos y antisociales. Las emociones ya no sirven como medios que facilitan la comprensión y la comunicación, sino que se convierten en síntomas que pasan a ser no funcionales, desconcertantes y problemáticos.

Bolwby describió las fobias infantiles y los trastornos de la ansiedad para ilustrar la manera en que los procesos de la falta de apego pueden ser causantes de psicopatología infantil. A partir de las fobias infantiles y los trastornos de la ansiedad, Bowlby distinguió entre "fobias verdaderas", en las cuales un niño reacciona con miedo a algo existente en el medio ambiente como ser las arañas o serpientes, y "pseudofobias", como ser el miedo excesivo a personas, lugares o situaciones que le pueden causar vergüenza, también denominadas como agorafobia, creada por la ausencia excesiva de la persona de apego.

Un análisis de varias investigaciones que se han hecho a través de los años concluye, en acuerdo con Bowlby, que la falta de disponibilidad, no sólo durante la infancia, sino también durante la niñez, la adolescencia y la edad adulta, sigue desempeñando un papel destacado en la aparición de las psicopatologías en los seres humanos. **La teoría de Bowlby desafío a los investigadores a crear más fuertes relaciones de apego con los niños mayores, los adolescentes y los adultos, usando como base la confianza y la disponibilidad de la figura de apego. La calidad de la comunicación emocional en las relaciones de apego es de gran importancia en los esfuerzos para crear la seguridad en las interrelaciones.**

En una relación segura, las emociones pueden desempeñar un papel importante en la interrelación emocional de las distintas partes, ayudando a los padres e hijos a acomodarse el uno al otro. En la adolescencia, la seguridad del apego entre padres y el adolescente debe reflejarse en la capacidad de ambas partes de respetar la autonomía y al mismo tiempo mantener la sensación de cercanía y parentesco. En el caso que esto no ocurra, los síntomas de depresión, la ansiedad y la agresión motivan a las personas a buscar ayuda o recurrir a substancias que pueden dar la sensación de "relajamiento" como ser el alcohol, algunas medicinas, como así también a algunas substancias ilegales.

El desarrollo del niño ocurre en contextos individuales, familiares y comunitarios. Para poder entender el desarrollo emocional de un niño, tenemos que estudiar la manera en que se relacionó o se relaciona con todos sus "círculos ecológicos." La mayoría de los niños tienen más de una persona que los cuidan y con quienes desarrollan relaciones de apego. En general, la madre es la primera persona que los cuida y con quienes desarrollan una relación de apego. Ella es la primera persona, pero los dos padres, los abuelos, los hermanos/as y los profesionales que se dedican a su cuidado y a su educación crean relaciones de apego con el niño.

De acuerdo a Colin (1996) and Cassidy (1999), los siguientes factores han sido identificados como importantes en la predicción de los resultados de la relación de apego de un niño, a saber: 1) La cantidad de tiempo invertida en el cuidado del niño por la persona con la cual se siente apegada, 2) La calidad del cuidado y la atención que se le presta, 3) La inversión emocional en el niño por parte de la persona que lo cría, y 4) La presencia de la persona que lo cría a través de los años.

Existen factores que protegen a un niño, ya sean provenientes del mismo niño o del medio ambiente, reforzando así su capacidad de hacer frente a los desafíos que se le presentan. La relación de apego estable y duradera vivida con sus padres o adultos crea la sensación de seguridad. Hay factores intrínsecos del niño que influyen en su vulnerabilidad o en su sentido de seguridad, incluyendo la herencia genética, las características de su personalidad y además las condiciones biológicas. La alta auto estima, la manera positiva de confrontar las situaciones de estrés, la habilidad de crear relaciones positivas con los padres y/o otros adultos, la habilidad de saber balancear y controlar sus emociones por sí mismo, el saber pedir ayuda cuando es necesario, o creer en sus habilidades de poder resolver problemas por uno mismo, son otros de los factores intrínsecos. El niño que funciona exitosamente en estos niveles, tienden a interactuar de manera más eficaz y positiva durante todo el trascurso de su infancia, como así también a lo largo de su vida.

Además, el niño que enfrenta y resuelve conflictos exitosamente, aprende a crear una "condición de control interno", la cual le da la seguridad que va a poder confrontar situaciones difíciles exitosamente, en vez de ser dominado por la situación.

En general, estos factores no son adquiridos por los niños más jóvenes pues todavía no han podido adquirir las capacidades mentales que le permiten confrontar los desafíos presentados por el medio ambiente. Es por esta razón que el calor de la cercanía física de los padres y la respuesta inmediata a sus necesidades, es indispensable en el sano desarrollo emocional del niño. Además, la educación y la ayuda que los padres puedan proveer a sus hijos para confrontar las dificultades, la provisión de modelos

ejemplares de conducta, y la provisión de estructuras y reglas de comportamiento, son todas de extremada importancia.

A pesar que la calidad de la relación con los padres es el factor mas importante en el establecimiento de la regulación y estabilidad de las emociones, hay también otros factores que son de primerísima importancia. Las relaciones con los abuelos, las maestras, los tíos y otros adultos en general fuera del círculo familiar, pueden promover el equilibrio y estabilidad del niño aún cuando su relación con los padres es inestable, especialmente con aquellos cuyos padres sufren de una psicopatología emocional.

Los niños que entran en la categoría "de riesgo" pueden beneficiarse con la psicoterapia, la cual puede proveer apoyo, incrementar la comprensión, aclararles y elaborar sus sentimientos, y también ayudarlo a obtener un sentido de estabilidad. Los programas de mentores también pueden beneficiar al niño en la habilidad de crear relaciones sociales, siempre y cuando el programa sea estable y tenga una relación de por lo menos un año con el mentor o la mentora.

A nivel más general, la estabilidad ambiental, como ser una vivienda, la guardería de niños y un escuela estable, y la situación financiera de los padres, todos estos son elementos contribuyentes en el crecimiento estable y sano del niño.

Como hemos visto anteriormente, existe una variedad de condiciones biológicas que afectan el crecimiento emocional del niño, incluyendo síndromes genéticos, enfermedades, ser expuesto mientras crece en el útero a agentes teratógenos (consumo de substancias que pueden causar daños) que pueden producir anomalías congénitas o que incrementan la incidencia de una anomalía en el embrión tras la exposición de su madre a ellos (enfermedades infecciosas, agentes químicos, hormonales o físicos). Dentro de los agentes químicos existen algunos sedantes o tranquilizantes como ser la talidomida, agentes antineoplásicos como la amonopterina, anticoagulantes, solventes industriales, algunos anticolvulsionantes, drogas, alcohol, cocaína, litio e inhibidores de la ECA (Enzima Convertidora de Angiotensina), o medicamentos que se utilizan principalmente en el tratamiento de hipertensión arterial y de la insuficiencia cardíaca. Los inhibidores de la ECA pueden ocasionar, durante el embarazo, entre otros, hipotensión fetal, insuficiencia renal, trastornos del crecimiento y en la formación ósea del bebe, además de estar relacionados con una tasa de mortalidad elevada.

Entre los agentes infecciosos existe el virus de la rubeola, el citomegalovirus, o el virus de herpes simple. Otras condiciones biológicas incluyen el nacimiento prematuro, la anoxia (falta de aire al momento de nacer, ya discutido en el capítulo uno), la exposición al plomo, y algunas enfermedades crónicas.

Entre los riesgos genéticos, se pueden incluir el Frágil-X, también conocido como Síndrome de Martin-Bell, el cual es un trastorno hereditario que ocasiona retraso mental, pudiendo ser de moderado a severo, y el Síndrome de Prader-Willis, en el cual el niño presenta un cuadro clínico de obesidad, baja altura, hipogonadismo (carencia o defecto de testículos u ovarios), criptorquidia (descenso incompleto de uno de los dos testículos a través del canal inguinal hacia el escroto) y alteraciones en el lenguaje tras una etapa de falta de tono muscular pre y posnatal, y además una discapacidad intelectual de leve a moderada.

La investigación de las relaciones entre la genética y la psicopatología, ya sea los trastornos de la conducta y de la emoción, identifica la existencia de una correlación positiva entre las historias familiares y varios de los trastornos, los cuales se presumen son transmitidos genéticamente, incluyendo el déficit de la atención e hiperactividad, los trastornos del aprendizaje, el Síndrome de la Tourette, el autismo, los trastornos emocionales y la esquizofrenia.

El temperamento

El temperamento es definido como la manera de ser de cada persona o la constitución particular de cada individuo que determina su carácter. También, el temperamento puede ser definido como las características que influencian en la percepción del niño del mundo que lo rodea. Existe muy poco acuerdo acerca de las dimensiones y las definiciones específicas del temperamento, de su grado de herencia, su relación con los factores biológicos, y su estabilidad a través del tiempo.

De acuerdo a Thomas y Chess (1977), es posible ver diferencias temperamentales entre individuos durante las primeras semanas de vida. Ellos estudiaron infantes desde la edad de tres meses, e identificaron tres tipos de temperamento: el "inhibido", el "fácil", y el "difícil". Los niños de temperamento fácil tendieron a ser activos, tener un buen estado de ánimo, demostrar flexibilidad en sus interacciones sociales y una eficiente adaptabilidad en momentos de cambios. Los niños con un temperamento difícil tendieron a ser extremadamente sensibles a los cambios, y consecuentemente sus reacciones fueron fuertes. Los padres pueden sentirse inocuos cuando los hijos responden siempre enojados, resistentes, desinteresados o irritados cuando ellos tratan de atenderlos. Los niños con el temperamento difícil demuestran dificultades en el desarrollo de la regulación emocional, siendo generalmente más difíciles de poder ser calmados cuando lloran, reaccionando de manera negativa, no encontrando consuelo y, consecuentemente, son difíciles de calmarse a nivel emocional.

La inhibición se define como una representación abierta de un estado psicológico y fisiológico de la incertidumbre, siendo el resultado de ser expuesto a objetos, personas con las cuales no se siente familiarizado, y situaciones estresantes. Esta restricción al contexto del medio ambiente es muy importante, ya que incluso los niños más inhibidos pueden demostrar las habilidades sociales normales en situaciones familiares. Cuando el temperamento del niño es de tipo "inhibido", generalmente tarda más tiempo en reaccionar, es considerado generalmente "lento para amigarse", es menos activo, se inhibe cuando se lo invita a actuar socialmente, es tímido, cauteloso, y se retrae en situaciones de estrés.

Muchas veces se encuentra una relación entre la manera en que los padres se relacionan con el niño y el tipo de temperamento que el niño desarrolla en su interacción con ellos. El resultado de esta interacción influye mejorando o exacerbando las dificultades emocionales del niño, las cuales han sido genéticamente transmitidas. Por ejemplo, en numerosos casos, los niños con un temperamento inhibido tienen padres muy ansiosos. En otros casos los niños con temperamento de naturaleza difícil pueden demostrar una agudización de sus síntomas cuando los padres constantemente los castigan o los abusan física y/o verbalmente.

El niño puede desarrollar diversos trastornos emocionales como consecuencia de dificultades temperamentales durante sus primeros años de vida. Numerosos investigadores han estudiado las relaciones entre los trastornos del temperamento y la ansiedad. Para Clark y

Watson (1991), el afecto de tinte negativo es un factor que se relaciona con la depresión y la ansiedad. La depresión se caracteriza específicamente por un bajo nivel de afecto positivo, mientras que la ansiedad se caracteriza específicamente por la hiperactividad fisiológica. Brown y sus colegas (1998) llegaron a la conclusión que la ansiedad, y no la depresión, es asociada con la hiperactivación fisiológica, lo que podría estar relacionado con la sensibilidad a la ansiedad, pero no parece ser principalmente basado en el temperamento.

En un estudio de la relación entre el temperamento y la ansiedad en los niños, Lonigan, Carey y Finch (1994) confirmaron el modelo propuesto por Clark y Watson en adolescentes hospitalizados a causa de problemas asociados con la ansiedad o la depresión. Los índices del afecto negativo fueron hallados fuertemente relacionados con la ansiedad y la depresión, y el afecto negativo no distingue entre los niños diagnosticados con los diferentes trastornos de la ansiedad. De acuerdo con el modelo, los niños con afecto positivo claramente se diferenciaron de los niños diagnosticados con un trastorno depresivo de aquellos niños que fueron diagnosticados con un trastorno de la ansiedad.

Aunque los estudios anteriormente descriptos demuestran un vínculo convincente entre los componentes del temperamento y la psicopatología de la ansiedad, hay pocos datos que permitan una clara especificación de la vía por la cual el temperamento afecta específicamente en la psicopatología. Es decir, los efectos del temperamento en los trastornos de la ansiedad pueden ser directos, indirectos, o servir para moderar otros factores causales.

Se han propuesto cuatro modelos que explican la manera en que el temperamento o la personalidad pueden influir en el desarrollo de la psicopatología, a saber: 1) el temperamento puede predisponer o influir directamente en el la causa y desarrollo de la psicopatología. Un factor estresante en combinación con una predisposición temperamental puede desencadenar la aparición del trastorno. Este modelo es denominado Diátesis-Estrés (la predisposición orgánica a padecer de una enfermedad). 2) El temperamento puede moderar la intensidad durante el curso de un trastorno sin tener un papel causal directo en su inicio (modelo patoplástico o de la patoplasticidad). También incluye situaciones en las que el temperamento tiene un papel en la configuración del entorno de la persona. 3) El temperamento puede ser alterado o afectado por un trastorno (modelo de complicación), y 4) Un trastorno puede reflejar el extremo de un temperamento, como si fuera una extensión del mismo (modelo de continuidad). Tanto el temperamento y el trastorno reflejan un mismo proceso. Estos modelos no son únicos en una misma persona o entre varias personas. Es posible que el temperamento pueda predisponer los síntomas causantes de un trastorno, así como también modificar la experiencia del trastorno.

Dentro del modelo de la predisposición, la vulnerabilidad puede existir en muchos de los trastornos, como ser para una clase especifica de trastornos (por ejemplo, los trastornos de la ansiedad, trastornos de angustia entre los trastornos del ánimo y de la ansiedad), o en un subtipo especifico de una clase de trastornos (por ejemplo el trastorno de pánico, o la depresión unipolar).

A pesar de crear un mayor riesgo de desarrollar un trastorno de la ansiedad en un niño, los factores temperamentales se pueden considerar como no necesarios o suficientes en el desarrollo de esta psicopatología. La psicopatología en sí es un evento no común, pero los niños que son inhibidos o de un temperamento proclive a desarrollar un trastorno son aquellos con quienes la patología tiene más posibilidad de producirse.

Un niño que tiene un estilo de interacción inhibido en entornos desconocidos o difíciles puede experimentar dificultades mucho mas allá de la infancia. El juego pasivo solitario ha sido relacionado con el desarrollo de trastornos de internalización emocional, como ser la depresión.

Efectos de la crianza de los hijos

Si bien el temperamento de los niños puede tener un impacto en la conducta de los padres, ellos pueden influir y hasta cambiar directamente la expresión temperamental del niño. El comportamiento de los padres influye en el nivel de inhibición, el retiro, y la angustia que los niños pueden desarrollar. Los padres pueden ayudar a crear y mantener una conducta evasiva e inhibitoria de un niño comportándose así con su niño, y consecuentemente proveyéndole un ejemplo de conducta. Por otro lado, los mismos padres, si desean influir en un cambio temperamental o emocional del niño, pueden optar por protegerlo de la angustia calmándolos y estando cerca de ellos hasta que se calmen. Sin embargo, si la conducta de inhibición y el retiro siguen siendo visibles y no son correspondidos por los padres, el niño tendrá una percepción limitada y negativa, tanto del medio ambiente como también de su habilidad para confrontar sus dificultades emocionales.

Un buen equilibrio entre el consuelo y la enseñanza de habilidades para afrontar las situaciones y las emociones, parece ser el modo más eficaz en la moderación de las tendencias inhibitorias o de la internalización de las emociones.

Las diferencias en el desarrollo de los trastornos emocionales entre los sexos: por lo general, los trastornos de la ansiedad y la depresión son más comunes en las niñas que los niños, especialmente a partir del fin de la niñez hasta la adolescencia y la edad adulta. En contraste, sin embargo, hay relativamente pocas diferencias emocionales entre los niños y las niñas más jóvenes. Existe una ligera tendencia más alta a que las niñas mantengan un comportamiento más inhibido en comparación con los varones. Una de las razones de las diferencias entre las niñas y los niños en la inhibición y la expresión de los trastornos emocionales puede ser un resultado de los distintos procesos sociales o experiencias que los dos sexos viven. No hay evidencia de un nivel de timidez diferente de la timidez de las niñas frente a los niños, aunque la timidez en los niños es menos aceptada por los padres, lo que resulta en la provisión de estímulos y la promoción de situaciones sociales, mientras que lo mismo no ocurre con las niñas.

Conclusiones

Existe mucha evidencia que las diferencias individuales en los factores relacionados con el temperamento están asociadas con el riesgo de desarrollar ansiedad, depresión, u otros tipos de psicopatología. Sin embargo, con pocas excepciones, hay poca evidencia empírica que demuestra vínculos a largo plazo entre la variación normativa en el temperamento y el desarrollo de las ansiedades a nivel psicopatológico. La mayoría de los datos existentes demuestran conexiones entre el temperamento durante los primeros años de vida y los problemas de la externalización de las emociones, las conexiones en los niños entre el temperamento y los problemas de internalización de las emociones, o las fluidas y presentes asociaciones entre el temperamento y una mezcla de emociones de la internalización y la externalización en el desarrollo de distintas formas de psicopatología.

CAPÍTULO CUATRO

Trastornos de la regulación de las emociones

El proceso de auto-regulación consiste en la capacidad de modular el estado de ánimo, demorar la gratificación, y tolerar las transiciones. Durante las distintas etapas del crecimiento, los bebés, los niños o los adolescentes, pueden auto-calmarse chupándose el dedo, meciéndose, pidiendo ser acariciados, escuchando música, o viendo películas de su agrado. Los niños con trastornos de la regulación no demuestran estas conductas, y una vez que están molestos, son difíciles de ser calmados. Los problemas con la irritabilidad, el llanto y la incapacidad de auto-calmarse persisten e influencian todos los aspectos del crecimiento del niño, incluyendo el lenguaje, el control emocional, el funcionamiento cognitivo y la interacción social. Otras dificultades que los niños tienen en el proceso de auto-regulación son problemas en el apego con las personas que le son significativas y en el funcionamiento emocional, la alimentación, el sueño y la atención.

Los padres, justificablemente, muchas veces preguntan sobre los primeros síntomas que pueden indicar la existencia de problemas de regulación del afecto en sus bebés, niños o adolescentes. La mayoría de los bebés a veces muestran irregularidades en los ciclos del sueño, la digestión, o la habilidad de auto-consolarse. Sin embargo, algunos muestran permanentes problemas en el sueño, dificultades para calmarse, en la alimentación, y en la regulación del estado anímico. A medida que el bebé, el niño o el adolescente crece, estos problemas se hacen más evidentes y complejos.

Ha existido mucha controversia sobre la posibilidad que un niño pre adolescente pueda experimentar depresión, sin embargo, y como consecuencia de la investigación y de la mejor comprensión del trastorno, hoy es ampliamente aceptado que, efectivamente, los niños sufren de distintos estados depresivos y de ansiedad, aunque los síntomas pueden diferir de aquellos de los de los adultos.

Depresión en los niños

La depresión es un trastorno del ánimo caracterizado por la pérdida de interés o placer reflejado en la tristeza, la falta de esperanza, el sentimiento de ser inútil, o sentirse perdido. A veces, los niños y los adolescentes parecen no darse cuenta que están deprimidos y no se quejan del estado de ánimo, pero se quejan de la disminución de la energía, no pueden concentrarse, se distraen en la escuela, tienen problemas para dormir y/o constantemente piensan acerca de sus problemas.

Es difícil diagnosticar la depresión en los niños mas pequeños debido a que, en la mayoría de los casos, las habilidades verbales para expresar sus sentimientos aun no se encuentran desarrolladas. Sin embargo, hay síntomas que se pueden detectar en los niños sufriendo de una depresión, como ser el sentirse letárgico o somnoliento, comen mucho o poco, exhiben problemas en el sueño, irritabilidad, tristeza en la expresión facial, la disminución de la atención, y a veces el llanto excesivo. En los niños mayores de seis años de edad, los síntomas también pueden incluir un bajo rendimiento escolar, una disminución en la vida social, la enuresis, algunas conductas destructivas, algunos trastornos de la alimentación, la culpa y los continuos enojos. En los adolescentes, los síntomas también pueden cumplir un comportamiento antisocial, la huida de la casa o de la escuela, el cambio de peso (aumento o pérdida), el abuse de sustancias, la falta de la esperanza y el aislamiento social.

La irritabilidad es el síntoma más evidente en los niños que experimentan sentimientos de depresión. Otros síntomas pueden incluir la falta de la autoestima, problemas de la conducta, los sentimientos de culpabilidad, las fobias o la ansiedad al momento de separarse de las personas que le son emocionalmente significativas.

El trastorno depresivo mayor es aún el diagnóstico más común, sin embargo, el trastorno bipolar I es cada vez más diagnosticado en los niños. La extensa investigación que ha examinado la vulnerabilidad biológica a la depresión se centra en la interrupción de los procesos de los neurotransmisores (sustancias químicas que transmiten información de una neurona a otra), la desregulación de los sistemas neuroendocrinológicos, el funcionamiento atípico de diferentes regiones en el cerebro, y la desregulación de los ritmos biológicos, como ser los ciclos del sueño, sin embargo, los resultados han sido inconsistentes.

Trastorno Bipolar

El Trastorno Bipolar es una condición afectiva grave. También es conocido como Trastorno Maníaco-Depresivo. Los niños con Trastorno Bipolar sufren cambios de ánimo que son considerados clínicamente significativos. A veces, se sienten muy felices y son mucho más activos que de costumbre. Esto se conoce como manía. Otras veces, los niños con Trastorno Bipolar se sienten muy tristes y "deprimidos", y su conducta es mucho menos activa que de costumbre. Esto es conocido como estado depresivo. El Trastorno Bipolar no es lo mismo que los altibajos emocionales que son considerados clínicamente normales, sino que son clínicamente más significativos. El trastorno puede mostrase con el niño teniendo muchas dificultades en la escuela, o llevándose mal con los amigos y con los familiares. El trastorno también puede ser peligroso. Algunos jóvenes con Trastorno Bipolar pueden intentar hacerse daño a sí mismos, a otros, o suicidarse. Los niños y los adolescentes con Trastorno Bipolar deben recibir tratamiento mental y, a veces, psiquiátrico, para controlar sus síntomas y llevar una vida estable.

Otros síntomas que son característicos del Trastorno Bipolar pueden incluir uno o más episodios maníacos que incluyen tres de los siguientes síntomas: 1) la agitación psicomotora, 2) hablar interrumpidamente, 3) la pérdida significativa de peso o la incapacidad de aumentar de peso, 4) la distracción, 5) la disminución de la necesidad de dormir, 6) pensamientos acelerados, y la participación excesiva en actividades placenteras de alto riesgo, como ser el sexo.

Este trastorno es difícil de diagnosticar en los niños, ya que los síntomas maniacos son muy similares a los del trastorno de déficit de atención e hiperactividad y los trastornos de la conducta. La irritabilidad, la disminución de la atención y/o la curiosidad, la falta de interés en actividades diarias (anhedonia), el bajo rendimiento escolar, la hipersomnia, el abuso de sustancias, las conductas auto-destructivas, la agitación o el movimiento psicomotor letárgico, las expresiones de tristeza y una infelicidad prolongada, la baja auto estima, y el aislamiento social, entre otros síntomas, son "banderas rojas" que pueden señalar que el niño podría estar experimentando uno de los diferentes trastornos depresivos.

Existen varios tipos de trastornos bipolares, como ser el Trastorno Bipolar I con episodio maníaco único, Trastorno Bipolar I con episodio más reciente hipomaníaco, Trastorno Bipolar I con episodio reciente maníaco,

Trastorno Bipolar con episodio más reciente mixto, Trastorno Bipolar I con episodio más reciente no especificado, Trastorno Bipolar II, y Trastorno Ciclotímico. Incluir las descripciones de cada uno de estos trastornos requiere la escritura de otro libro por separado. Aún así, considero importante que los padres, educadores y profesionales que trabajan con niños y adolescentes, tengan presentes estos conceptos. Cada uno de los diagnósticos incluye síntomas y periodos de tiempo muy específicos, por eso, la información provista a un profesional es imprescindible para analizar y llegar a la conclusión diagnóstica precisa.

Los cambios de los estados de ánimo en el trastorno bipolar son llamados "episodios del estado de ánimo". El niño o adolescente puede tener episodios maníacos, depresivos o "mixtos". Un episodio mixto incluye síntomas maníacos y depresivos. Los niños y adolescentes con trastorno bipolar generalmente tienen más episodios mixtos al compararlos con los adultos que sufren de este trastorno.

Los episodios anímicos pueden variar en el tiempo de duración, como así también durar desde varias veces en un mismo día o en varias semanas. Durante un episodio, los síntomas se presentan todos los días durante la mayor parte del día. Los episodios afectivos son intensos y se caracterizan por la presencia de sentimientos, niveles variables de energía y cambios intensos de la conducta.

Los niños y los adolescentes que sufren un episodio maníaco pueden sentirse extremadamente felices o actuar de una manera tonta, pueden ser muy cortos de temperamento, hablar excesivamente rápido sobre un montón de cosas que no tienen relación entre ellas, tienen problemas para dormir pues no se sienten cansados, tienen problemas en mantenerse concentrados, hablan o piensan en el sexo más a menudo, o participan en actividades de alto riesgo y a veces, extremadamente peligrosas. Los niños y adolescentes que sufren un episodio depresivo pueden sentirse significativamente tristes, se quejan mucho de malestares estomacales y dolores de cabeza, dormir excesivamente o, en algunos casos, muy poco pues continuamente piensan o sufren lo que se denomina "ruminaciones mentales obsesivas", se sienten culpables y sin valor, comen demasiada o poca comida, tienen poca energía y además demuestran una falta de interés en actividades divertidas, y a veces piensan en la muerte o el suicidio.

Como he señalado anteriormente, el trastorno bipolar en los niños y los adolescentes puede co-existir con un abuso de sustancias, el trastorno de déficit de atención y hiperactividad, y los trastornos de la ansiedad, como ser la ansiedad por la separación. Hay veces en las cuales los individuos que experimentan dos o tres trastornos simultáneamente, necesitan ser hospitalizados más a menudo que otras personas con algún trastorno bipolar.

Otros trastornos del ánimo, como ser la depresión, son a veces confundidos con uno de los trastornos bipolares, por eso es siempre útil consultar con algún profesional acerca de cualquier síntoma maníaco o depresivo que el niño este experimentando.

A veces los problemas de comportamiento existen conjuntamente con los episodios de ánimo. Los jóvenes pueden correr muchos riesgos, como conducir autos a alta velocidad o gastar mucho dinero. Algunos jóvenes con trastorno bipolar piensan constantemente en el suicidio. Cualquier señal de pensamiento suicida siempre tiene que ser tomada en serio, y siempre se recomienda llamar urgentemente a algún profesional competente o internar al niño en algún hospital.

Otro factor que a veces se recomienda evaluar cuidadosamente es la posibilidad de alguna condición médica que puede imitar o parecerse a una depresión o una manía. Entre algunos de los trastornos del metabolismo y hormonales, se pueden incluir el Hipotiroidismo, La Hipoglucemia, la Diabetes, el Hipertiroidismo, el Hiperparatiroidismo, el Síndrome de Cushing y la Enfermedad de Wilson. Las enfermedades que pueden afectar el estado de ánimo incluyen la Enfermedad de Lyme (también conocida como Borreliosis), los tumores en el sistema nervioso central, y el Síndrome de Fatiga Crónica.

Las enfermedades de la sangre que pueden influir en el estado de ánimo son la Anemia Ferropénica o Ferropriva y la Porfiria Aguda Intermitente (PAI). Algunas enfermedades infecciosas que pueden afectar el ánimo de una persona son las Neumonías, el SIDA, algunas otras enfermedades de origen viral como ser el Sífilis, La Mononucleosis, la Hepatitis y las Gripes.

Los trastornos neurológicos que pueden afectar el estado de ánimo de una persona incluyen la Epilepsia del lóbulo temporal y el Síndrome de Kleine-Levin, también conocido como el Síndrome de la Bella Durmiente", pues el síntoma más notorio es un extenso período de sueño.

Entre los trastornos genéticos, son considerados el Síndrome de Asperger y el Síndrome de Velo-cardio-facial, también denominado como Síndrome de George (DGS) o Síndrome de Shprintzen.

Entre los trastornos nutricionales, la Anemia Perniciosa y la Pelagra deben ser siempre considerados. Por último, algunas intoxicaciones de metales también pueden influir en el estado de ánimo, como ser la intoxicación por manganeso, la intoxicación por mercurio y la intoxicación por talio. Después de completar un examen médico integral, se recomienda evaluar si existe una historia de abuso de sustancias, así como también la existencia de antecedentes psiquiátricos en los miembros de la familia.

Al concluir la evaluación y ser provisto el diagnostico de Trastorno Bipolar, los padres generalmente preguntan ¿qué hacemos? En este momento, no hay cura para el trastorno bipolar. Los terapistas mentales y los psiquiatras a veces tratan a los niños de una manera similar al que tratan a los adultos. El tratamiento puede ayudar a controlar los síntomas y, en general, es más efectivo cuando se trata durante el momento en el cual el niño está demostrando los efectos de los síntomas en comparación de una etapa relativamente estable.

La segunda pregunta que los padres hacen es si hace falta proveer medicamentos. La respuesta depende del grado de los síntomas. Hay varios medicamentos que pueden ayudar. Los niños, además, responden a los medicamentos de distintas maneras, por lo que el tipo de medicamento depende del grado de las dificultades emocionales y la sintomatología que el niño o el adolescente presenta. Algunos individuos pueden necesitar más de un tipo de medicamentos porque sus síntomas son muy complejos. A veces, tienen que probar diferentes medicinas hasta que la sintomatología es controlada y es emocionalmente más estable. Es deseable que los niños sean provistos al principio de una menor dosis de medicamentos para aliviar los síntomas. Una buena manera de recordar esto es "empezar con poco e ir aumentando lentamente". Siempre informe a psiquiatra acerca de cualquier efecto secundario. No deje de darle al niño medicamentos sin la ayuda de un psiquiatra, pues suspender de repente el medicamento puede ser peligroso.

Hay diferentes tipos de psicoterapia que pueden ayudar a los niños con un trastorno bipolar. La terapia puede ayudar a los niños a educarlos sobre las dificultades emocionales y afectivas que ellos sufren, y además, a cambiar la percepción de uno mismo, su comportamiento, y así ayudarlos a enfrentar sus dificultades emocionales de una manera más efectiva. También puede ayudar a los jóvenes a mejorar sus relaciones sociales, incluyendo su familia y sus amigos.

La depresión, así como también la ansiedad, puede tener un impacto devastador en la vida de los niños y de los adolescentes, afectando todos los aspectos de sus vidas, incluyendo las relaciones familiares, sus relaciones amistosas y de compañerismo en la escuela, y sus logros académicos. Los padres pueden sentirse confundidos cuando su hijo es diagnosticado con depresión o ansiedad simplemente porque hay muchas variaciones en los síntomas de cada uno de estos trastornos de la regulación de la emoción, y la sintomatología varía de persona a persona.

La depresión en la escuela primaria a menudo es expresada a través de problemas en la conducta, mientras que los mayores preadolescentes pueden empezar a verbalizar los sentimientos de baja autoestima y la falta de la esperanza. Por otra parte, las niñas adolescentes son más propensas a sufrir una depresión más severa, y en general se observa un mayor riesgo de recurrencia de los episodios depresivos en comparación con los varones. La evidencia muestra que la mayoría de los niños que tienen al menos una recurrencia de la depresión, alguna otra dificultad emocional, antecedentes de depresión en los padres, o factores de estrés en el hogar, pueden sufrir una depresión en la adolescencia así como también mantener el estado depresivo durante el transcurso de la vida.

Además de los síntomas de depresión previamente señalados, a menudo se puede identificar una constelación de problemas asociados. El suicidio es de baja ocurrencia entre los niños más pequeños, sin embargo, alrededor de un treinta por ciento de los niños y adolescentes con depresión ha intentado suicidarse, y un porcentaje más alto ha tenido pensamientos relacionados al suicidio. Los niños que sufren los síntomas depresivos más severos se encuentran en un mayor riesgo de suicidio al llegar a la vida adulta. La baja autoestima, el abandono y/o el abuso infantil, la alta turbulencia en la vida familiar, la impulsividad y los comportamientos autodestructivos de los padres también pueden aumentar la probabilidad de un suicidio.

Otros factores que influyen en el nivel depresivo que un niño puede experimentar son los problemas escolares y académicos, así como también las relaciones deficientes con sus pares. No es difícil comprender porqué la falta del rendimiento académico puede crear un nivel de frustración que deriva en la depresión, pero, adicionalmente, se crea un círculo vicioso en el cual el niño se siente frustrado, luego deprimido, demuestra la falta de interés y no presta atención, sus habilidades cognitivas funcionan de manera más lenta, y la combinación de todos estos factores conducen a una persistente falta de logros académicos.

Como hemos visto anteriormente, los estilos de crianza desempeñan un papel importante en el desarrollo emocional de los niños. La inestabilidad emocional, la falta de relación de apego y la manera en que los adultos emocionalmente significativos se relacionan con el niño pueden determinar la gravedad y la persistencia de la depresión del niño, resultando en hostilidad cuando ellos sienten que no pueden enfrentar sus dificultades emocionales y se sienten impotentes ante el rechazo, para cambiar alguna situación, la dificultad social, y, además, un menor rendimiento escolar.

Los niños deprimidos son más propensos a ser rechazados por sus compañeros, aunque también hay evidencia que los niños pueden deprimirse después de mostrar dificultad en sus relaciones con sus compañeros. Las relaciones con otros niños son de gran importancia en el ajuste emocional.

Una interesante consecuencia de sufrir de un estado depresivo es el hecho que, a medida que la persona crece, el resultado de los constantes pensamientos negativos, la disminución de la autoestima, y la constante auto-crítica, evolucionan a través del tiempo, resultando en una manera distorsionada y negativa de percibir e interpretar la realidad, y con pobres habilidades para hacer frente al estrés. A medida que la persona crece con sentimientos generalizados de depresión, estos sentimientos y las percepciones negativas se arraigan más profundamente en la forma en que la persona se relaciona con el medio ambiente, se percibe a sí mismo, y poco a poco se convierte en un trastorno de la personalidad de tinte negativo. Se puede concluir, con un cierto grado de seguridad, que cuando uno le muestra un vaso que está medio lleno, la persona con depresión siempre va a ver la mitad vacía.

Los niños tienden a copiar las conductas y las emociones de los padres, y cuando alguno de ellos se encuentra permanentemente deprimido, lo más probable es que el niño incorpore este sentimiento. No es raro ver que, a menudo, la depresión puede ser vista en varios miembros de una misma familia.

Los factores biológicos también pueden ser considerados como fuentes de la depresión, tales como los trastornos del sueño, la baja secreción de la hormona del crecimiento o la regulación anormal de diferentes funciones cerebrales. Sin embargo, la depresión sigue siendo considerada como un trastorno de la regulación emocional que se agrava durante los períodos de estrés.

Los períodos críticos para el desarrollo de la depresión, desde el punto de vista biológico, incluyen el del embarazo y entre los seis y los dieciocho meses de edad. Las madres que están deprimidas durante el embarazo pueden exponer al feto a la desnutrición, el tabaco, el uso de drogas, o a un entorno anormal hormonal y fisiológico. Además, los niños de madres deprimidas son menos activos, y su interacción con sus pares puede ser generalmente problemática. El período de seis a dieciocho meses se considera crítico debido a que es el momento en que se desarrollan las relaciones de apego y un considerable desarrollo del área cerebral encargada de la regulación emocional.

Como se expuso anteriormente, hay varios factores relacionados con el funcionamiento de la familia que se han asociado con la depresión infantil. El divorcio, la baja condición económica, el estrés, la violencia en la familia, el apego emocional inestable, los acontecimientos negativos en la familia del niño, la muerte y muchos otros factores pueden afectar emocionalmente a un niño. Los niños pueden reaccionar o confrontarse de diversas maneras a los diferentes factores que influyen en su funcionamiento emocional. Su temperamento y las capacidades cognitivas pueden ayudar a interpretar y hacer frente a estas dificultades emocionales, reaccionando con diferentes grados de tolerancia o con un desarrollo emocional anormal. Cuando el niño no tiene la capacidad intelectual o el temperamento para hacer frente a las dificultades emocionales, la reacción puede variar desde pensamientos distorsionadis que pueden conducir a un episodio depresivo, el desarrollo de una psicopatología depresiva más profunda, otro tipo de psicopatología, o, si la dificultad afectiva es persistente a través del tiempo, con un trastorno de la personalidad.

El tratamiento de un niño con depresión puede ser proporcionado de manera individual o en grupo. Ambos métodos tienen ventajas y desventajas, por eso es siempre preferible proveer los dos tratamientos de manera conjunta y coordinada. En la psicoterapia individual, el terapista tiene una oportunidad de comprender mejor los problemas únicos del niño, así como también examinar sus pensamientos y sentimientos. En un grupo, el niño puede practicar nuevas habilidades y comportamientos con los otros participantes.

Entre los métodos psicoterapéuticos más comúnmente utilizados en el tratamiento de niños deprimidos, el más efectivo, de acuerdo a la investigación existente, es la terapia cognitiva-conductual, la cual se centra en el tratamiento de la persistentes distorsiones cognitivas del niño. Esta terapia se considera como la más efectiva en niños mayores de nueve años, e incluye técnicas tales como la educación afectiva, la planificación de pasos a tomar durante el tratamiento como así también practicar maneras opcionales de reaccionar o interpretar los afectos, la práctica y resolución de problemas en las relaciones sociales, auto-instrucción, aprendizaje de técnicas de relajamiento, y la reestructuración cognitiva, o sea, analizando distintas maneras de relacionarse de manera más efectiva a las dificultades emocionales.

Con niños más pequeños y con poca habilidad de expresión de los sentimientos, es recomendable utilizar tests de proyección emocional, la terapia de juego, como así también dibujos, los cuales pueden proveer mucha información al reflejar las dificultades emocionales que el niño está experimentando.

Los padres y las autoridades escolares pueden proveer información que puede ayudar a comprender los factores del medio ambiente que provocaron o influyen en el estado depresivo del niño. Los maestros, instructores de educación física, o cualquier adulto que tuvo cualquier tipo de relación con el niño o adolescente, pueden ofrecer información concerniente a los distintos aspectos de su funcionamiento afectivo y/o social.

La ansiedad

La ansiedad también es un trastorno del ánimo. A veces se confunde entre la ansiedad y el miedo. Mientras que el miedo es una respuesta a una amenaza externa, definida y concreta, la ansiedad es una señal de alerta que advierte a la gente de una posible amenaza que es vaga o desconocida. La principal diferencia psicológica entre las dos respuestas emocionales es lo repentino del miedo y de la insidia de la ansiedad.

El impacto de la ansiedad sobre el funcionamiento de los niños es considerable. Estos niños demuestran un deterioro de las relaciones sociales, mayores niveles de depresión, un pobre concepto de la auto estima, como así también problemas de atención y dificultades en su rendimiento académico. También es importante tener en cuenta que los niños con trastornos de ansiedad son detestados y a veces son agredidos por sus compañeros, como también son los niños con trastornos de la conducta, los cuales tienden a ser socialmente abandonados por sus compañeros de clase.

Trastorno de ansiedad por separación

Las características asociadas con el trastorno de ansiedad por separación incluyen la ansiedad continua y excesiva del niño de estar separado, ya sea temporal o permanentemente, de las personas con las cuales tiene una relación de apego significativa. Los típicos síntomas son el llanto y/o la excesiva angustia en la anticipación o en el momento de la separación. Por otra parte, cuando están fuera de la casa, o se encuentran lejos de los padres o de las personas con las cuales tiene una relación de apego, el niño constantemente los busca y necesita mantenerse en permanente y continuo contacto.

Existen diferencias en la manera en que los niños se comportan durante las distintas edades al ser separados de sus padres o de adultos con los cuales tienen una relación de apego. Los niños más pequeños suelen quejarse o preocuparse al tener pensamientos sobre cualquier daño que las personas con las cuales tienen una relación de apego pueden sufrir, y consecuentemente, se niegan a ir a la escuela. A menudo tienen pesadillas relacionadas con la separación, y ellos pueden exigir que alguien se quede en su cercanía hasta que se duerman, o duermen toda la noche con alguna persona que para ellos es importante. Los niños al borde de la pubertad pueden aislarse de la gente, demostrar falta de concentración, apatía, falta de interés, como así también tristeza. Los adolescentes pueden reaccionar rechazando ir a la escuela y quejándose de complicaciones somáticas, como ser dolores de cabeza, problemas estomacales, o problemas respiratorios.

Aunque el trastorno de ansiedad por separación se puede observar en los niños como así también en los adolescentes, éste es generalmente diagnosticado en los niños más pequeños. Una serie de eventos ambientales o de dificultades en el desarrollo evolutivo deben considerarse al diagnosticar a un niño con el trastorno, como ser la primera vez que asiste a jardín de infantes o la escuela, la posibilidad de una violación sexual o de un abuso físico, o si ocurre algún otro acontecimiento importante en la familia, como ser un divorcio, la muerte de un familiar o figura de apego significativa, o si uno de los padres deja la casa.

Algunas teorías afirman que la ansiedad también puede ocurrir como consecuencia de un fracaso o dificultades en la transición exitosa entre las etapas de desarrollo, o sufrir una regresión a un nivel previo de desarrollo debido a factores de estrés ambiental. Según los resultados de la investigación, el trastorno de ansiedad por separación puede ser un precursor de otros trastornos de la ansiedad en la edad adulta, como la fobia social, el trastorno de pánico o la agorafobia (miedo a ciertos lugares abiertos adonde la persona siente que no puede recibir ayuda o no se siente protegida).

Trastorno de Ansiedad Generalizada

Los niños con trastorno de ansiedad generalizada se preocupan excesivamente sobre numerosas cosas, las cuales pueden incluir la calidad de su trabajo, su desempeño en eventos sociales, académicos o deportivos, aún cuando el desempeño no sea evaluado por nadie. A menudo, son perfeccionistas y revisan una tarea numerosas veces antes de decidir que es aceptable. También pueden demostrar una excesiva necesidad de ser constantemente consolados cuando encuentran dificultades en completar un proyecto o tarea.

Los niños con trastorno de ansiedad generalizada también tienen a menudo una preocupación obsesiva por cualquier persona que es muy crítica de su conducta, su trabajo, o de la manera en que se relaciona con otra gente. Es común ver que estos niños se preocupan excesivamente por el pasado, los acontecimientos futuros y los acontecimientos catastróficos, como ser los eventos climáticos o las tragedias humanas. Además, pueden experimentar pensamientos obsesivos sobre la posibilidad que algo negativo o catastrófico pueda llegar a pasar, por lo cual tienden evitar las actividades apropiadas para su edad, tales como eventos sociales o deportivos.

La investigación ha encontrado que algunos niños diagnosticados principalmente con el trastorno de ansiedad generalizada, también presentan la sintomatología correspondiente a algún trastorno relacionado con la ansiedad social. La fobia social es considerada como uno de los trastornos de ansiedad más comunes. La mayoría de los niños con fobia social no son diagnosticados a menos que la psicopatología progrese hasta el punto en que el niño se niega a ir a la escuela. La característica fundamental de la fobia social es un excesivo miedo irracional al encontrarse con la posibilidad de enfrentar situaciones o actuaciones sociales en las que una persona está expuesta al posible escrutinio de otros, y consecuentemente se siente atemorizado de hacer algo vergonzoso o humillante. Además, se puede predecir que sus interacciones sociales serán pobres como consecuencia de la continua negación de interactuar.

Otra sintomatología asociada a este trastorno son las quejas somáticas, como ser los dolores de cabeza, los dolores de estómago, y, a veces, problemas respiratorios. En general se cree que la fobia social es el resultado de una combinación de vulnerabilidades biológicas y psicológicas, las cuales son expuestas a eventos traumáticos en la vida, acontecimientos estresantes, como así también el resultado de altos niveles de control y/o crítica parental, o el rechazo de los compañeros.

¿Cómo es posible saber si el nivel de ansiedad o el miedo demostrado por un niño se encuentra dentro del rango normal o no? El DSM-IV-TR ofrece pautas claras para evaluar los trastornos, sin embargo, como he escrito previamente, también es importante evaluar sistemáticamente la naturaleza de los síntomas, incluyendo la intensidad, la frecuencia de los efectos fisiológicos, los cambios de conducta, el tiempo de desarrollo, las circunstancias ambientales y/o familiares, el contenido del miedo o de la ansiedad y su persistencia.

Entre los significativos factores clínicos que deben ser evaluados, se consideran la intensidad de las emociones, la frecuencia, el contenido, el grado de evasión de las actividades de todos los días, la interferencia en el funcionamiento social, académico y emocional, las conductas no adaptativas que demuestra, la etapa de desarrollo del niño y la espontaneidad de los síntomas y conductas.

A pesar que los trastornos de la ansiedad se encuentran entre los diagnosticados en abundancia durante la infancia, la investigación hasta el presente ha sido relativamente escasa. Los resultados obtenidos de la investigación existente apuntan a las intervenciones de terapia cognitiva-conductual como las más efectivas en el tratamiento de éstos trastornos.

Entre las distintas técnicas de tratamiento, se pueden incluir las siguientes:

• Técnica de Modelado: es una técnica psicoterapéutica mediante el cual el niño aprende solamente por medio de la observación y/o imitación. El niño adopta actitudes semejantes a otras personas o modelos observados. La desensibilización sistemática se utiliza con mayor frecuencia en el tratamiento de los temores o las ansiedades relacionadas a la presencia de animales pequeños, la noche o tomar algún examen.

• Manejo de contingencia: esta técnica de psicoterapia está basado en los refuerzos positivos o premios cuando la conducta es buena o refuerzos negativos como no recibir el premio cuando la conducta es negativa.

• La desensibilización sistemática es un método psicoterapéutico cuya característica principal es la aproximación sucesiva y lenta del niño al objeto, lugar, o situación que le causa la exacerbación disfuncional de las emociones y de la conducta.

• Exposición Prolongada: esta técnica, contrariamente a la de desensibilización sistemática, el niño se encuentra confrontado durante un tiempo prolongado al objeto, lugar o situación que le causa la exacerbación disfuncional de las emociones y de la conducta, y la confrontación continúa hasta que la ansiedad o dificultades emocionales bajan o desaparecen. Este método psicoterapéutico se utiliza para tratar obsesiones o compulsiones, así como temores o ansiedades relacionadas a la escuela, daño físico, o la contaminación.

• La combinación de dos o más técnicas terapéuticas previamente detalladas.

En general, el objetivo del tratamiento es ayudar al niño a aprender a confrontar al estímulo temido, la situación que provoca ansiedad, o llegar al punto en que él o ella no es temeroso/a durante la presencia del estímulo o la situación. La terapia cognitiva-conductual generalmente combina las técnicas de tratamiento, y ha sido ser efectiva en el tratamiento de las ansiedades que se centralizan en la escuela, situaciones sociales y problemas de separación.

Trastorno Obsesivo-Compulsivo

El trastorno obsesivo-compulsivo es considerado como uno de los cinco diagnósticos psiquiátricos más comunes. Actualmente, es reconocido como un trastorno que se presenta en los niños, y puede ser observado en niños menores de cinco años de edad.

Algunos de los síntomas pueden incluir las obsesiones y compulsiones, la ansiedad y los rituales. En términos generales, el nivel de ansiedad es extremadamente alto, y la única manera que estos niños sienten que pueden aliviarla es tratando de una manera compulsiva de "arreglar" o "destruir" la fuente de su ansiedad. En otros casos, comienzan a desarrollar rituales con el propósito de evitar las situaciones que ellos ven amenazadoras, como por ejemplo usar guantes de látex "porque tengo miedo de contraer el virus del VIH", o lavarse las manos varias veces "para evitar enfermarme."

Existen numerosos mitos acerca de este trastorno, incluyendo, entre otros, que el tratamiento psicológico del trastorno es extremadamente difícil o ineficaz, que es un trastorno poco común, o que el trastorno obsesivo-compulsivo es el resultado de una mala educación, relaciones rígidas entre los miembros de la familia, abuso sexual o la pobre enseñanza al niño de cómo ir al baño. Nada está más lejos de la verdad. Actualmente, la enfermedad puede ser tratada exitosamente, existe en una gran cantidad de personas, y es visto como un trastorno cerebral o un mal funcionamiento de una parte del cerebro causada por una mala acción o acción disfuncional del sistema inmunológico.

El trastorno obsesivo-compulsivo puede ser muy debilitante. Los niños con este trastorno experimentan una excesiva y extrema ansiedad, viven avergonzados y son a menudo acosados por sus compañeros o padres que desconocen los efectos del trastorno, muestran dificultades en obtener logros académicos, la creación de amistades y relaciones, y tener una infancia feliz.

Se puede decir que hay cuatro tipos de pacientes con trastorno obsesivo-compulsivo, los cuales demuestran distintos tipos de conductas: los "contadores", los "coleccionistas", los de la "limpieza", y los "inspectores". Los "contadores" cuentan las mismas cosas continuamente para asegurar que nada falta (ropas, plata, lápices, llaves, etc) , los "inspectores" revisan de manera constante, como ser si el gas del horno o el aire acondicionado están prendidos para asegurarse que no lo han dejado funcionando o no tienen ninguna pérdida, los "coleccionistas" son incapaces de deshacerse de cosas que no necesitan más o no tiene ningún uso para ellos , por lo tanto, las acumulan obsesivamente y, finalmente, los de la "limpieza" limpian el mismo objeto o se lavan constantemente las manos y/o el cuerpo para asegurarse de que no se contaminen con cualquier virus. Otra forma menos común que se ve en los pacientes con trastorno obsesivo-compulsivo es el de demostrar rituales religiosos o éticos.

Nosotros experimentamos durante el transcurso de la vida pensamientos obsesivos o dificultades en nuestro estado de ánimo, la diferencia con los que sufren de un trastorno psicológico se radica en la intensidad y el grado de obstrucción a nuestras actividades de la vida cotidiana y de nuestras relaciones sociales. Un niño tiene una menor capacidad de comprensión en comparación con los adultos, por lo tanto, sus miedos y comportamientos pueden ser repetitivos, sin fundamento, extremos o imparables.

Entre los síntomas que se pueden observar en los adultos, se pueden incluir la hipersensibilidad a los olores, sonidos, texturas o el tacto, la repetición sin fin y sin ninguna razón de las actividades de rutina, la constante revisión de listas, ya sea de la propiedad o de cosas que necesita hacer, las conductas repetitivas y no funcionales, tales como mover los dedos, tocar constantemente a las personas, parpadear constantemente los ojos, o pensar sin descanso sobre todas las posibilidades disponibles sin ser capaz de tomar decisiones o emprender una acción, preguntando las mismas preguntas una y otra vez, o con una imperiosa necesidad de decir o confesar algo a una persona, reescribir cartas, guardar compulsivamente objetos inútiles, o estar obsesionados por su apariencia física.

Sin embargo, algunos síntomas que son exclusivos de los niños son las severas rabietas de largo plazo, la ansiedad de la separación, la fobia social que se refleja en el mutismo, versiones extremas de los miedos de la infancia, tales como monstruos o demonios detrás o por debajo de su cama, están "obsesionados" en distintas temas o personalidades, intentan controlar el medio ambiente de manera excesiva, estar ansioso como resultado de pensamientos persistentes al creer que son observados, o fobia a la escuela. Otra diferencia consiste en que los adultos pueden dar una razón que explica su comportamiento, mientras que los niños no pueden poner sus sentimientos en palabras.

Tratamiento

El primer tratamiento considerado para los niños con trastorno obsesivo-compulsivo, ya sea por sí solo o con la ayuda de la medicación, es la terapia cognitivo-conductual, con el propósito de ayudar a reducir la ansiedad. Esta terapia ayuda al niño a concientizarlo e informarle sobre la naturaleza de las dificultades que está experimentando, ayudándole a expresar cómo se siente y piensa, y así mismo ofreciéndole alternativas para hacer frente a la ansiedad. Otras terapias que pueden ser útiles para el tratamiento de este trastorno incluyen la terapia de juego, la terapia de grupo y la terapia familiar, las cuales pueden usarse separada o conjuntamente. Los medicamentos generalmente no son la primera opción para el tratamiento. Desafortunadamente, muchas veces los síntomas son muy severos y las medicinas son necesarias para controlar los síntomas.

CAPÍTULO CINCO

TRASTORNOS GENERALIZADOS DEL DESARROLLO

Los trastornos generalizados del desarrollo son definidos como un grupo de trastornos que se caracterizan por alteraciones cualitativas de las interacciones sociales recíprocas, las modalidades de comunicación, así como por un repertorio de intereses y de actividades restringido, estereotipado y repetitivo. Estas anomalías cualitativas son de naturaleza pervasiva que influye en un crecimiento disfuncional del sujeto en muchas aéreas.

Los diferentes trastornos generalizados del desarrollo tienen esencialmente las mismas características fundamentales, que incluyen retrasos en el desarrollo intelectual, motor, emocional, social y/o perceptual. En algunos casos, incluyen el deterioro de las habilidades previamente adquiridas.

El diagnóstico diferencial de estos trastornos puede ser difícil, pero existen algunas generalidades, como ser:

1. Los niños con Trastorno de Asperger suelen ser identificados más tarde que las personas con autismo (en el que los síntomas se observan antes de los 3 años), las personas con Trastorno de Rett (quienes no tienen un desarrollo normal durante 5-12 meses), o aquellos con el trastorno desintegrativo de la niñez (en los que el desarrollo es normal hasta un máximo de los 2 años).
2. El coeficiente intelectual promedio o superior al promedio es típico en los niños con Trastorno de Asperger, mientras que los niños con autismo a menudo tienen un coeficiente intelectual por debajo del promedio, mientras que los niños con el Trasorno de

Rett y aquellos con el Trastorno Desintegrativo de la Niñez exhiben una pérdida de habilidades previamente adquiridas. 3. La habilidad de la comunicación no suele demostrar un retraso considerable en los niños con el Trastorno de Asperger, mientras que los niños con Autismo y el Trastorno de Rett tienen problemas de comunicación, y los niños con el Trastorno Desintegrativo de la Niñez demuestran una pérdida de habilidades previamente adquiridas.

3. Los movimientos estereotípicos y no funcionales son comunes a todos estos trastornos.

Entre los déficits en la interacción social, se pueden identificar las siguientes conductas, a saber:

☐ Gritos en entornos o entre personas desconocidas.

☐ No demuestra afecto o interés, se torna fláccido o rígido cuando se le pide la atención.

☐ No se da cuenta o desconoce la presencia o la ausencia del cuidador.

☐ No demuestra apego y es emocionalmente distante.

☐ Demuestra una falta de intercambio espontáneo de intereses, placeres o logros con los demás, se lo ve "más feliz cuando se queda solo", y no busca consuelo de los demás o busca a otras personas cuando se encuentra angustiado, o siente un malestar o miedo.

☐ La reciprocidad social es poca o inexistente, prefiere las actividades solitarias, no demuestra tener ningún concepto de las necesidades de otros, y además tiene dificultades o no puede conceptualizar lo que es compartir con otros.

☐ Demuestra dificultades o poco interés en relacionarse con otros niños.

☐ Demuestran falta de comprensión de las convenciones en las relaciones sociales.

☐ El contacto visual es muy pobre o inexistente, el niño ve fijamente a la gente con la falta de expresiones faciales apropiadas, demuestra poco uso de los gestos adecuados, y casi nunca demuestra una sonrisa.

☐ Demuestran una incapacidad en inferir el estado mental de uno mismo o de otros, así como también una falta de conceptualización y comprensión de la existencia de sentimientos en los demás.

Entre los déficits en la comunicación, se pueden identificar las siguientes conductas, a saber:

☐ Un subdesarrollo y retraso en el lenguaje, falta de espontaneidad verbal, un lenguaje expresivo escaso, no imitan el habla o lo hace de manera extraña y mecánica. A veces responde con ecolalia, o sea, repite como un eco lo que se le pregunta o escucha.

☐ Dificultades en la expresión usando comunicación no verbal. Habla usando un lenguaje metafórico.

☐ Habla con una entonación monótona y rígida.

☐ Dificultades en la comprensión del lenguaje intencional, es incapaz de entender el humor, los chistes, las preguntas, la sátira, los problemas con las funciones del lenguaje de orden superior, la inferencia y las abstracciones.

☐ A veces pronuncia palabras inexistentes o neologismos.

☐ Falta de habilidades de juego espontáneo, y no participa en el juego imaginativo como las escondidas.

☐ Dificultades pragmáticas: no saluda cuando viene o se va, no toma los pasos apropiados para conocer a otras personas, hace preguntas inapropiadas, interrumpe, y además demuestra dificultad en guardar su turno.

☐ Dificultades en el uso de los pronombres, nunca usa pronombres en primera persona, se refiere a sí mismo como "usted", se refiere a los demás como "yo".

☐ Repite excesivamente sus pedidos (hasta el punto de ser la conducta socialmente inapropiada).

☐ Tiende a hablar demasiado sobre el mismo tema sin tener en cuenta la opinión o punto de vista de sus compañeros u otras personas.

☐ Es incapaz de sostener una conversación.

☐ Constantemente mira los mismos programas de televisión, comerciales o películas.

Entre los comportamientos estereotipados, se pueden identificar las siguientes conductas, a saber:

☐ Demuestra una fascinación por partes de objetos, está generalmente más interesado en los objetos que en las personas.

☐ Se encuentra obsesivamente fascinado con cosas inusuales para su edad (por ejemplo, horarios de autobuses, números).

☐ Tiene un patrón de intereses restringidos que son anormales para la edad.

☐ Demuestra falta de flexibilidad, como así una aparente necesidad de realizar rituales específicos y algunas pautas de comportamiento, volviéndose extremadamente angustiado por cambios de menor importancia en su alrededor, y es desafiante cuando otros tratan de dirigirlo.

☐ El juego es rígido, carente de imitación e imaginación.

☐ Demuestra manierismos motores y hábitos repetitivos.

☐ Los movimientos del cuerpo son estereotipados (por ejemplo, girar, aplaudir, gestos con las manos / aleteo, meciéndose, balanceándose, girando, golpearse la cabeza, puntas de pie a pie), y demuestran una fascinación por cosas que giran, como ser un ventilador.

Entre los síntomas asociados a la conducta y las habilidades cognitivas, se pueden identificar:

☐ Demuestra agresividad hacia los demás, como así también conductas auto lesivas.

☐ Demuestra muy buenas habilidades en los siguientes dominios: la memoria, hiperlexia (es decir, la capacidad excepcional para leer, deletrear y escribir), el arte, música, la destreza mecánica o espacial, el cálculo del calendario, el cálculo matemático, la sensibilidad sensorial, y el rendimiento atlético. Estas habilidades pueden ser notables en contraste con las discapacidades relacionadas al autismo, o pueden ser de hecho prodigioso si se considera en relación con la persona sin discapacidad.

☐ Hiperactividad y/o impulsividad.

☐ La falta de atención y/o falta de concentración.

☐ La masturbación.

☐ La desregulación del estado de ánimo, la ausencia de reacciones emocionales o reacciones emocionales inadecuadas, o la depresión.

☐ Dificultades en la integración sensorial, hipersensibilidad al dolor, los sonidos, el tacto, las texturas de algunos alimentos, algunos olores, déficit de percepción, odia las luces brillantes, los ruidos, y las texturas de ciertos tipos de ropa.

☐ Demuestran dificultades para dormir.

☐ Se enoja fácilmente.

La severidad de los síntomas varía de una persona a otra y es variable en el transcurso de la vida. Por lo tanto, es posible que varias personas reciban el diagnóstico de Trastorno Generalizado del Desarrollo o "espectro autista", presentando distintos tipos de dificultades y con una intensidad muy variable entre ellas.

Así, los trastornos de comunicación pueden variar desde el mutismo total con incomprensión del lenguaje oral y escrito, a dificultades de comunicación que se engloban esencialmente en la comunicación verbal (en particular en el aspecto de la comprensión de los mensajes implícitos) y/o no verbal (comunicación gestual, expresiones del rostro).

La falta de socialización puede variar desde la ausencia de la búsqueda de contactos sociales (incluso para satisfacer necesidades fisiológicas como el hambre), hasta situaciones en las que la persona es socialmente inadecuada, o bien es muy ingenuo, o sea muy inferior a lo que se espera en una persona de la misma edad y coeficiente intelectual similar.

Finalmente, los centros de interés restringidos y las conductas repetitivas pueden también variar, desde situaciones en las que la persona muestra conductas repetitivas y no funcionales (actividad de recuento, estereotipias gestuales, tics, muecas, o constantemente dar vueltas sin ir a ningún lugar) hasta dificultades en la conversación, compulsiones u obsesiones. Otra dificultad que se advierte es la de cambiar constantemente de un tema a otro o cambiar de una actividad a otra.

Trastorno autista

La palabra *autismo*, del griego *auto-* de autós, 'propio, uno mismo', fue utilizada por primera vez por el psiquiatra suizo Eugene Bleuler en un tomo del *American Journal of Insanity*, publicado en el año 1912. La clasificación médica del autismo no ocurrió hasta 1943, cuando el Dr. Leo Kanner, estudió a un grupo de 11 niños e introdujo la caracterización *autismo infantil temprano*. Al mismo tiempo un científico austríaco, el Dr. Hans Asperger, utilizó coincidentemente el término *psicopatía autista* en niños que exhibían características similares. El trabajo del Dr. Asperger, sin embargo, no fue reconocido hasta 1981.

Las interpretaciones del comportamiento de los grupos observados por Kanner y Asperger fueron distintas. Kanner reportó que 3 de los 11 niños no hablaban mientras que los restantes no utilizaban las capacidades lingüísticas que poseían. También notó un comportamiento auto-estimulatorio y "extraños movimientos" en aquellos niños. Por su lado, Asperger notó, además, que los niños tenían muchos e inusuales intereses (de una manera obsesiva), unas rutinas repetitivas y un apego a ciertos objetos, lo cual era muy diferente al autismo hasta entonces conocido, y eran además de más alto funcionamiento, ya que en el experimento de Asperger todos hablaban. Indicó que algunos de estos niños podían expresarse a muy buen nivel.

Los investigadores no han podido todavía acordar sobre el origen del autismo. De acuerdo a una teoría, el autismo es una anomalía en las conexiones neuronales que es atribuible, con frecuencia, a mutaciones genéticas, sin embargo, este componente genético no siempre ha sido encontrado, ya que se ha observado que los trastornos que sufre una persona autista pueden tener un componente multifactorial; por lo cual, y de acuerdo a otra teoría, se atribuye a varios factores que actúan simultáneamente.

Se cree que los genes que afectan a la maduración sináptica de las neuronas están implicados en el desarrollo de estos trastornos, dando lugar a teorías neurobiológicas que determinan que el origen del autismo se centra en la conectividad y en los efectos neuronales que son frutos de la expresión genética.

Hay muchas teorías adicionales, pero no todas han sido investigadas adecuadamente. Actualmente, los adelantos en la investigación de la identificación temprana del trastorno proveen tratamientos más eficaces. Los investigadores están de acuerdo que el niño tiene una mejor probabilidad de mejora cuando comienza a recibir tratamiento a muy temprana edad. El bebé autista puede pasar desapercibido hasta el cuarto mes de vida; pero a partir de esa edad, la evolución lingüística queda estancada, no hay reciprocidad con el interlocutor, y no aparecen las primeras conductas de comunicación intencionada, como ser las miradas, echar los brazos, o en la habilidad de señalar.

A mí siempre me ha gustado usar el ejemplo de un edificio: no se puede construir un edificio sin una base sólida. Los seres humanos adquieren, acumulan e interpretan información durante toda la vida. Los nuevos conceptos aprendidos se asocian con conocimientos o experiencias anteriormente adquiridas, y así las personas aprenden a incrementar, analizar e interpretar cada vez de manera más compleja. Los niños con autismo carecen de estas habilidades, y consecuentemente no pueden acumular o dar sentido a la información y estímulos que los rodea, por lo cual es primordial que el niño reciba tratamiento lo más temprano en su vida.

Causas estructurales

Los estudios de personas autistas han encontrado diferencias en algunas regiones del cerebro, incluyendo el cerebelo, la amígdala cerebral, el hipocampo, el septo y los cuerpos mamilares. En particular, la amígdala cerebral y el hipocampo parecen estar densamente poblados de neuronas, las cuales son más pequeñas de lo normal y tienen fibras nerviosas subdesarrolladas y que pueden interferir negativamente con las señales nerviosas. También se ha encontrado que el cerebro de un autista es más grande y pesado que el cerebro promedio. Estas diferencias sugieren que el autismo resulta de un desarrollo atípico del cerebro durante el desarrollo fetal. Sin embargo, cabe notar que muchos de estos estudios no se han duplicado y no explican muchos de los casos.

Otros estudios sugieren que las personas autistas tienen diferencias en la producción de serotonina y otros neurotransmisores en el cerebro. Estos hallazgos requieren más estudios.

A pesar de que los estudios de niños gemelos indican que el autismo puede ser hereditario, también se ha demostrado, por lo menos en una porción de los casos, que las personas con autismo pueden haber sido afectadas por algún factor ambiental. Se han propuesto varios factores ambientales que podrían afectar el desarrollo de una persona genéticamente predispuesta al autismo, a saber:

1) Se ha indicado que la intoxicación por mercurio puede causar algunos síntomas similares a los del autismo.
2) Algunas personas asocian la aparición de la enfermedad a la vacuna Sarampión-Paperas-Rubéola, y al mercurio que contenía hasta el año 2001. Esta teoría fue invalidada por varios estudios, incluida la retractación de 10 de los 12 autores del estudio inicial.
3) Hay un número de estudios que muestran una correlación importante entre las complicaciones obstétricas y el autismo. Algunos investigadores opinan que esto podría ser indicativo de una predisposición genética nada más. Otra posibilidad es que las complicaciones obstétricas simplemente amplifiquen los síntomas del autismo.
4) Se sabe que las reacciones al estrés en las personas con autismo son, en ciertos casos, más pronunciadas. Sin embargo, este factor no ha sido estudiado en los últimos cuarenta años, dado que el nuevo enfoque se centraliza en la investigación de causas genéticas.
5) La suplementación médica con ácido fólico ha aumentado considerablemente en las últimas décadas, particularmente en las mujeres

embarazadas. Se ha postulado que éste podría ser un factor, dado que el ácido fólico afecta la producción de células incluidas las neuronas. Sin embargo, la comunidad científica todavía no ha tratado este tema.

Causas conocidas

En una minoría de los casos, los trastornos tales como el Síndrome del X frágil, el Síndrome de las anomalías estructurales del cromosoma 22q13, el Síndrome de Rett, la Esclerosis Tuberosa, la Fenilcetonuria (la Fenilcetonuria es un error congénito del metabolismo) no tratada, la Rubéola Congénita, el Síndrome de Prader-Willi o el Trastorno Desintegrativo de la Infancia causan síntomas o comportamiento los cuales son consistentes con el espectro del autismo, y podrían diagnosticarse erróneamente como "autismo".

Las personas afectadas con autismo muestran una pobre actividad de las neuronas en el giro frontal inferior, así como también en una parte de la corteza premotora del cerebro; lo cual podría explicar la incapacidad de la persona para captar las intenciones de los demás. Esta pobre función de las neuronas se refleja en la ínsula y la corteza cingulada anterior cerebral, las cuales son áreas que se responsabilizan de síntomas afines, como la ausencia de la empatía. Los déficits en el giro angular cerebral darían origen a dificultades en el lenguaje. Los autistas presentan también alteraciones estructurales en el cerebelo y el tronco cerebral.

Entre los síntomas vistos en los niños con autismo se encuentra la alteración cualitativa de la interacción social, una importante y significativa alteración del uso de múltiples comportamientos no verbales, como ser el contacto ocular, la expresión facial, las posturas corporales y los gestos reguladores de la interacción social, demuestra incapacidad para desarrollar relaciones con sus compañeros que sean adecuadas a su nivel de desarrollo, como así también una ausencia de la tendencia espontánea para compartir con otras personas, disfrutar, demostrar intereses y objetivos (p. ej., no mostrar, traer o señalar objetos de interés). Además, demuestran una falta de reciprocidad social o emocional.

Los síntomas relacionados a la alteración cualitativa de la comunicación incluyen un retraso o la ausencia total del desarrollo del lenguaje oral (no acompañado de intentos o intenciones para compensarlo mediante modos alternativos de comunicación, tales como gestos manuales, faciales, corporales o mímica); en aquellos sujetos que demuestran una capacidad del habla adecuada, se nota una alteración importante en la capacidad para iniciar o mantener una conversación. Además, pueden mostrar una utilización estereotipada repetitiva del lenguaje o lenguaje idiosincrásico.

En cuanto a la conducta, el niño puede demostrar conductas, intereses y/o actividades restringidas, repetitivas y estereotipadas, exhibiendo una preocupación obsesiva y absorbente por uno o más objetos de manera estereotipada y restrictiva de interés, que resulta anormal, constante, repetitiva e intensiva, demostrando inflexibilidad en el cambio de rutinas y/o rituales que en general no son funcionales, demostrando manierismos motores estereotipados y repetitivos (p. ej., sacude o gira las manos o dedos, o demuestra movimientos complejos de todo el cuerpo como balancearse) y/o demostrando una preocupación persistente por partes específicas de objetos.

Otro síntoma que puede demostrar incluyen un retraso o funcionamiento anormal en el juego simbólico o imaginativo.

Una característica que se reporta comúnmente, pero que no es necesaria para un diagnóstico, es la del déficit sensorial o la hipersensibilidad. Por ejemplo, a una persona con autismo puede molestarle un ruido que para una persona no autista pasa inadvertido. En muchos casos la molestia puede ser extrema, hasta el punto de llevar a comportamientos violentos. Por otro lado, un autista puede tener una gran tolerancia al dolor. Algunos aseguran que no se percatan del hambre o de otras necesidades biológicas.

Hace un par de años, una madre me comentó que llevó a su niño a ver la película de Disney "Buscando a Nemo". Con gran lujo de detalles me describió la expectativa y la felicidad de llevar a su hijo por primera vez a un cine, pero luego me comentó de su decepción y frustración cuando, apenas al empezar la película, su hijo comenzó a gritar y llorar frenéticamente, lo que terminó cuando inmediatamente salieron del cine y volvieron a la casa. La madre concluyó que, cuando la película fue ofrecida en DVD, ella se apresuró a comprar una copia y el niño no sólo que disfrutó verla en la televisión, sino que en algunos días la veía dos o tres veces. Este es un claro ejemplo de una de las dificultades que confrontan los niños con autismo en el procesamiento sensorial de los estímulos del medio ambiente. La pantalla y la imagen en el cine eran muy grandes para que el niño procese la información visual, pero la pequeña pantalla de la televisión le proveía la imagen en un tamaño que le permitía el procesamiento sensorial visual.

En algunos casos, puede haber un comportamiento auto-dañino, por ejemplo, el de golpearse la cabeza contra una pared. Otros comportamientos típicamente descritos son los de dar vueltas constantemente y aletear con las manos.

La creencia común de que los autistas no tienen sentimientos no tiene una base real. De hecho los autistas parecen ser extremadamente sensibles. La dificultad se presenta en la expresión de los sentimientos, que se interpreta como una falta de los mismos.

Los autistas suelen referirse a sus características obsesivas como "perseverancias", y en algunos casos las consideran ventajosas. Algunos autistas cambian sus "perseverancias" con regularidad y otros tienen una sola "perseverancia" principal de por vida.

En la actualidad no existe un tratamiento que cure el autismo. El tratamiento preferido está basado en el análisis conductual aplicado, puesto que los estudios científicos e independientes han demostrado su utilidad para elevar el nivel de funcionamiento de los niños con comportamientos autistas. Se cree que un inicio temprano de la terapia y la intensidad de la misma mejora las probabilidades de aumentar el nivel de funcionamiento. Los niños pueden llegar, con tratamientos intensivos tempranos e individualizados, a hablar, leer, y a escribir.

Existen una serie de tratamientos no investigados a nivel científico que son populares entre los padres de niños autistas. Tal es el caso de tratamientos biológicos, homeopáticos y terapias de diversos tipos, sin embargo, hasta el día de hoy, sólo los tratamientos psicológicos conductuales, los cuales fueron evaluados con evidencia científica, presentan una fuerte evidencia a su favor.

En la educación, que se utiliza como uno de los vehículos para el tratamiento de las personas con autismo, es necesario crear programas adaptados a las necesidades individuales de este grupo de gente.

Otras recomendaciones para el tratamiento de los niños con los trastornos generalizados del desarrollo incluyen:

• Tratamientos especializados para los niños con los trastornos del espectro del autismo, como el habla y el lenguaje, terapia ocupacional y/o también la terapia física.

• Proveer un programa de enseñanza de lenguaje estructurado, si es necesario enseñarles en clases o programas especializados diseñados específicamente para niños con autismo u otros trastornos generalizados del desarrollo.

• Proporcionar terapia conductual para tratar las conductas no funcionales con respecto a la auto-estimulación, la agresión, y/o las conductas disruptivas.

• Proveer al niño una educación y entrenamiento en habilidades sociales.

• Es recomendable para los padres presenciar y formar parte activa de los grupos de apoyo, así como también informarse de los servicios y actividades especializadas disponibles en su área.

• Se recomienda la consulta con un médico pediatra especializado en el campo de la neurología y la genética, quien puede recomendar exámenes genéticos.

• El niño se beneficiará en la colocación en una clase especializada y estructurada para niños con autismo de alto funcionamiento, con una cantidad de estudiantes bajo en relación a un maestro o terapista especializado, y un ambiente estructurado y de apoyo con el fin de tratar todos los retrasos en el funcionamiento adaptativo. El medio ambiente debe utilizar el refuerzo positivo para el logro de metas concretas. Las actividades educativas deben ser consistentes para ayudar al niño a desarrollar una rutina en su interacción con el medio ambiente y ayudarlo a desarrollar habilidades sociales.

• Es recomendable sentar al niño en la parte delantera de las clases con el fin de reducir los estímulos del medio ambiente y las distracciones, elogiarlo por cualquier cumplimiento en la tarea, el buen comportamiento y la buena atención.

• El niño se beneficiará en la colocación en una clase especializada y estructurada para niños con autismo de alto funcionamiento, con una cantidad de estudiantes bajo en relación a un maestro o terapista especializado, y un ambiente estructurado y de apoyo con el fin de tratar todos los retrasos en el funcionamiento adaptativo. El medio ambiente debe utilizar el refuerzo positivo para el logro de metas concretas. Las actividades educativas deben ser consistentes para ayudar al niño a desarrollar una rutina en su interacción con el medio ambiente y ayudarlo a desarrollar habilidades sociales.

• Es recomendable sentar al niño en la parte delantera de las clases con el fin de reducir los estímulos del medio ambiente y las distracciones, elogiarlo por cualquier cumplimiento en la tarea, el buen comportamiento y la buena atención.

• Se recomienda la terapia del habla con el fin de mejorar a incrementar sus habilidades del lenguaje expresivo.

• Se recomienda la terapia ocupacional con el fin de desarrollar e incrementar sus habilidades de integración viso-espaciales y tratar retrasos en esta área. Además, la terapia ocupacional puede ayudar a desarrollar habilidades de adaptación.

• Se recomienda la psicoterapia individual, que debe centrarse en ayudarlo/a a desarrollar las estrategias apropiadas para hacer frente a los desafíos relacionados con la familia y la escuela. La terapia también debe centrarse en ayudar al niño en el incremento de sus habilidades sociales y su funcionamiento adaptativo.

• Se recomienda la terapia familiar para ayudar a todos los miembros de la familia a seguir aplicando la estructura y la coherencia dentro de su casa. La terapia debe centrarse en el desarrollo de un plan de modificación de conducta, con el fin de incrementar la independencia del niño en su funcionamiento adaptativo, las habilidades sociales, y sus actividades de ocio, al mismo tiempo que también se refuerza el establecimiento y la mayor comunicación en un ambiente familiar estructurado.

• Basándose en las dificultades que el niño pueda presentar en las matemáticas, los profesores deben estar disponibles de manera consistente. La tutoría es siempre recomendable en un ambiente estructurado y de apoyo con el fin de incrementar el desarrollo de sus hábitos de estudio y habilidades sociales. Además, siempre se recomienda proveer al niño con más tiempo para completar sus tareas académicas, así como también dar una cantidad limitada de tareas, con el fin de aumentar su atención y su auto-eficacia.

• En el caso que el niño demuestre dificultades en la memorización de material académico, como ser en la codificación, la retención y la recuperación de la información, la información verbal debe introducirse lentamente y en un contexto significativo. El niño también se beneficiara en el uso de varias estrategias para mejorar las habilidades académicas, tales como asociar conceptos con otras cosas (por ejemplo: la puerta=abrir o cerrar), la categorización y el uso de tarjetas o figuritas educativas.

• El niño también se beneficiará participando en grupos y actividades sociales para niños con autismo de alto funcionamiento, así como la continua participación en actividades extra curriculares diseñadas para aumentar aún más sus habilidades sociales y su autoestima.

Se recomiendan actividades centralizadas en el uso de los sentidos, como por ejemplo nadar, jugar con delfines, o usar una de las grandes pelotas que se usan en la gimnasia de adultos.

Síndrome de Rett

El Síndrome de Rett toma su nombre del médico austríaco Andreas Rett, el profesor que primero lo describió y lo estudió en 1966, es un trastorno de origen neurológico que afecta, en la gran mayoría de las veces, a personas del sexo femenino.

La sintomatología no es evidente al momento del nacimiento, y comienza a manifestarse principalmente durante el segundo año de vida, y en todos los casos, dentro de los 4 primeros años de vida. Los síntomas incluyen un grave retraso en la adquisición del lenguaje y de la coordinación motriz. A menudo, este retraso es asociado con un grave o severo retraso mental. La pérdida de las capacidades es por lo general persistente y de manera progresiva.

El Síndrome de Rett provoca una grave discapacidad en todos los niveles del desarrollo de la persona, el cual invalida a la persona y la convierte en dependiente de los demás para el resto de la vida.

Posibles causas

De acuerdo a la investigación realizada, el origen parece ser genético, el cual ocurre al haber una anomalía en los cromosomas.

En los últimos años, han habido avances para los afectados y sus familias. Adrian Bird y su equipo, de la Universidad de Edimburgo, ha experimentado con ratones, demostrado que los síntomas de la enfermedad no son irreversibles, aunque todavía queda mucho camino por andar, constituyendo una gran esperanza para el futuro de las personas afectadas.

Aunque el Síndrome de Rett es considerado un trastorno genético, en menos del 1 por ciento de los casos registrados se hereda o se transmite de una generación a la siguiente. La mayoría de los casos son esporádicos, lo que significa que la mutación ocurre al azar y no se hereda.

Entre las características demostradas por los niños, se incluyen un desarrollo prenatal y perinatal aparentemente normal, un desarrollo psicomotor aparentemente normal durante los primeros 5 meses después del nacimiento, y una circunferencia craneal normal en el nacimiento.

Además, el niño también debe demostrar la aparición de todas las características siguientes después de un período de desarrollo normal: la desaceleración del crecimiento craneal entre los 5 y 48 meses, la pérdida de las habilidades manuales previamente adquiridas entre los 5 y 30 meses de edad, con el subsiguiente desarrollo de movimientos manuales estereotipados, como por ejemplo la habilidad de escribir o de lavarse las manos, durante el comienzo del trascurso del trastorno, el individuo demuestra una falta de interés en el medio social, aunque con frecuencia la interacción social se desarrolla posteriormente, el niño demuestra una mala coordinación del movimiento al caminar, o en general en varios de los movimientos del tronco, el desarrollo psicomotor se demuestra gravemente retrasado, y consecuentemente el lenguaje expresivo y receptivo es gravemente afectado.

No existe una terapia para el Síndrome de Rett, sino que el síndrome es tratado con una combinación integral de distintas terapias dirigidas a retardar la progresión de las discapacidades motrices y a mejorar las capacidades de la comunicación. Por ello, es a veces necesario el suministro de medicinas. Se han detectado mejorías en los síntomas respiratorios y conductuales y en las crisis epilépticas con el suministro de Naltrexona, que detiene la producción de beta-endorfinas inhibiendo los receptores opiáceos. Para tratar las crisis epilépticas, también se emplean los antiepilépticos tradicionales (Carbamazepina y ácido valpróico) o más recientemente la Lamotrogina y la Gabapentina.

Los medicamentos se complementan con terapias dirigidas a mejorar tanto en el plano educativo y cognitivo como en el conductual, educando a la persona a mejorar la interpretación y la expresión de sus emociones.

Aparte del tratamiento farmacológico, también es beneficioso proveer fisioterapia para mejorar y mantener el desarrollo motor adecuado del niño, así como el mantenimiento funcional y psicomotriz de los movimientos y las posturas. También se incluyen sesiones de terapia ocupacional.

A pesar de las dificultades que acarrean los síntomas, la mayoría de los individuos que padecen del Síndrome de Rett viven relativamente bien hasta la adultez. Debido a que el síndrome es poco común, se sabe muy poco sobre la expectativa de vida y la prognosis a largo plazo. A pesar de que se estima que hay muchas mujeres de edad mediana (entre 40 y 50 años) que padecen este trastorno, no se han estudiado suficientes mujeres para llevar a cabo estimados confiables sobre la esperanza de vida más allá de la edad de 40 años.

La evolución y la gravedad del síndrome de Rett varían de persona a persona. Algunas niñas presentan un trastorno congénito (antes o durante el nacimiento), mientras que otras pueden presentar una regresión tardía o síntomas más leves.

Trastorno Desintegrativo Infantil

El Trastorno o Síndrome Desintegrativo de la Infancia, también conocido como Síndrome de Heller o psicosis desintegrativa, fue descrito por el educador austríaco Theodore Heller en 1908, treinta y cinco años antes que Leo Kanner describiera el autismo, pero no se ha reconocido oficialmente como un trastorno o síndrome hasta hace relativamente poco tiempo. Heller utilizaba la denominación de *dementia infantilis* para denominar los síndromes y condiciones no muy comunes caracterizadas por una aparición tardía de retrasos en el desarrollo del lenguaje, la función social y las habilidades motrices. Los investigadores no han tenido éxito al encontrar una causa para este trastorno.

El Trastorno Desintegrativo de la Infancia se establece sobre la base de síntomas que se ajustan a una edad característica de aparición, cuadro clínico y curso. La edad en la cual sobreviene esta regresión varía, y puede ocurrir entre los 2 y los 10 años. La regresión puede ser muy repentina, y la niña puede expresar incluso su preocupación sobre lo que está sucediendo, para sorpresa de los padres. En algunos casos, la niña se muestra inquieta, hiperactiva y ansiosa por la pérdida de las funciones. La sintomatología puede iniciarse con dificultades emocionales, como la ansiedad, la ira, y la frustración al mismo tiempo que demuestra una pérdida de funciones de manera extremadamente generalizada y grave.

Algunas niñas describen o parecen reaccionar a alucinaciones, pero el síntoma más obvio es que las habilidades adquiridas aparentemente se pierden. Muchos escritores la han definido como una enfermedad devastadora, que afecta tanto a la familia como al futuro del individuo. El deterioro es sintomáticamente similar al trastorno autista, excepto que el retraso mental (típicamente, de mediano a profundo) tiende a ser más frecuente y pronunciado. Con el tiempo, el deterioro se hace estable, y aunque algunas capacidades pueden recuperarse, los resultados son muy limitados o insignificantes. Un grupo pequeño de personas recupera la habilidad de hablar pronunciando algunas frases, pero las habilidades de la comunicación seguirán significativamente inferiores a lo que se espera para una persona de la edad cronológica. La mayoría de las personas adultas son completamente dependientes de otras personas y requieren cuidado institucional; aunque algunas tienen una vida corta.

Como es el caso de todas las categorías de los trastornos generalizados del desarrollo, existe una considerable controversia acerca del tratamiento correcto para este síndrome.

El Trastorno Desintegrativo Infantil es diagnosticado cuando se presentan síntomas como ser: un desarrollo durante por lo menos los dos primeros años de vida aparentemente normal, demostrando habilidades de comunicación verbal y no verbal, relaciones sociales, juego y comportamiento adaptivo apropiados a su edad cronológica, una pérdida clínicamente significativa de las habilidades previamente adquiridas (antes de los diez años de edad) en por lo menos dos de las áreas correspondientes al lenguaje expresivo o receptivo, las habilidades sociales o el comportamiento adaptivo, el control intestinal o vesical, el juego, y/o las habilidades motoras.

Otros síntomas que son evaluados para la provisión del diagnóstico incluyen la alteración cualitativa en la interacción social en diferentes áreas que son acordes a su edad cronológica, como ser crear relaciones sociales o la ausencia de la reciprocidad social o emocional, la alteración cualitativa de la comunicación, como ser un retraso a la ausencia del lenguaje hablado, la incapacidad de iniciar o sostener una conversación, la utilización repetitiva y estereotipada del lenguaje, y la ausencia del juego realista, los patrones del comportamiento, los intereses y las actividades que son restrictivas y estereotipadas, incluyendo manierismos y estereotipias motoras.

Trastorno de Asperger

El Trastorno de Asperger es a veces denominado como "autismo de alto funcionamiento". Cuando comparamos el Trastorno de Asperger y el Autismo, sabemos que son trastornos del espectro autista, pero parecería que no tienen relación. Los individuos con Asperger presentan un dominio de temas o preferencias, los cuales son buenos en su ejecución, como ser la matemática, escribir, u orar, mientras que el resto de individuos con autismo demuestran una desconexión de la realidad.

La pregunta que se presenta en este caso es cuáles son las semejanzas y las diferencias entre los dos grupos de individuos bajo el espectro del autismo. Podríamos sintetizar una lista de las semejanzas y diferencias entre estos dos grupos, las cuales esclarecerán las diferencias entre los dos grupos, a saber:

Semejanzas:
- Los individuos de ambos grupos del espectro del autismo no tienen la habilidad de comprender oraciones o declaraciones que tienen un doble sentido o una doble intención, como así tampoco comprenden bromas u oraciones que tienen un contenido implícito.

- Los individuos de los dos grupos demuestran un retraso en el desarrollo motor, ya sea de los movimientos de los grupos de músculos grandes (piernas o brazos) o de músculos pequeños (dedos).

- Los individuos de ambos grupos del espectro del autismo demuestran problemas de relacionarse con otras personas.

- Los individuos de ambos grupos del espectro del autismo demuestran un excesivo interés por un tema o un objeto.

- Los individuos de ambos grupos del espectro del autismo demuestran movimientos estereotipados o de auto-estimulación.

- Los individuos de ambos grupos demuestran la presencia de rutinas, y una extremada dificultad a los cambios, cuando se les trata de romper la rutina o cambiarla por otra rutina.

- Los individuos de ambos grupos del espectro del autismo demuestran demoras en la habilidad de comenzar al hablar.

- Los individuos de ambos grupos del espectro del autismo juegan solos, y sus intereses son creados y disfrutados solo por ellos.

- Los individuos de ambos grupos del espectro del autismo evitan mirar a los ojos a otra persona en la primera infancia.

Diferencias

- El coeficiente intelectual en personas con el trastorno de Asperger está en lo general por encima de lo normal, mientras que el coeficiente intelectual de una persona con autismo, está por lo general (aunque no siempre) por debajo de lo normal.

- La gramática y el lenguaje es altamente funcional en las personas diagnosticadas de Asperger, mientras que es limitado en las personas diagnosticadas con autismo.

-Los individuos diagnosticados con el trastorno de Asperger tienen deseos de hacer amigos, mientras que las personas diagnosticadas con autismo presentan un desinterés y no buscan relacionarse con la gente o interactuar socialmente.

-Los individuos diagnosticados con el trastorno de Asperger pueden demostrar intereses y hasta obsesiones con varios temas, mientras que los individuos con autismo no demuestran interés.

- Las personas con Asperger presentan problemas de lenguaje cuando son niños, mientras que aquellos con autismo tienen retrasos en el lenguaje o, en algunos casos, una total ausencia del habla; se considera que todas las personas con Asperger hablan, mientras que el 20% de personas con autismo no lo hacen.

- La mayoría de los individuos diagnosticados con el trastorno de Asperger pueden llegar a independizarse (casi un 90%), mientras que muchas de las personas diagnosticadas con autismo serán dependientes o requerirán cuidado durante el transcurso de su vida; aunque hay algunos casos de independencia, el proceso con ellos es lento y la ayuda y la supervisión se la quita poco a poco.

Para poder llegar con certeza a un diagnóstico apropiado, siempre es recomendable hacer un grupo de evaluaciones psicológicas, incluyendo evaluaciones de habilidades cognitivas y nivel de adaptación. Además, hay exámenes psicológicos especializados.

El Trastorno de Asperger se diagnostica cuando el niño demuestra una alteración cualitativa de la interacción social, una importante alteración del uso de múltiples comportamientos no verbales como ser el contacto ocular, la expresión facial, las posturas corporales y los gestos reguladores de la interacción social, el niño demuestra una incapacidad para desarrollar relaciones con sus compañeros apropiadas a su nivel de edad cronológica, la ausencia de la demostración de manera espontanea de sus intereses, cosas o actividades de las cuales disfruta, asi como también intereses u objetivos y/o el niño demuestra una ausencia de la reciprocidad social y emocional.

Los síntomas relacionados al comportamiento, intereses y actividades restrictivas, repetitivas y estereotipadas, incluyen una preocupación obsesiva que es anormal por uno o más objetos o por objetivos a realizar, una adhesión aparentemente inflexible a rutinas o rituales específicos que no son funcionales, manierismos motores estereotipados y repetitivos, como ser sacudir las manos o los dedos, o movimientos complejos de todo el cuerpo como balancearlo constantemente, y una preocupación persistente por partes de objetos.

Además, algunas de las características del trastorno incluyen un deterioro clínicamente significativo de la actividad social, laboral y otras áreas importantes de la actividad del individuo, no hay un retraso general clínicamente significativo del lenguaje, no hay un retraso clínicamente significativo del desarrollo intelectual, las habilidades de ayuda a sí mismo o de comportamiento adaptivo (con excepción de la interacción social), las cuales son apropiadas a su edad cronológica, y demuestra una curiosidad acerca del ambiente que lo rodea.

Algunas recomendaciones para el tratamiento del trastorno de Asperger incluyen:

• Matricular al niño en una clase con una baja relación estudiante-profesor, o proporcionar un auxiliar de estudio cuando sea necesario.

• Tratamientos de acuerdo a los síntomas que se presentan, los cuales pueden incluir completar ciertas tareas, la integración sensorial, del habla y lenguaje, y / o terapia física y ocupacional.

• Educar al niño en el desarrollo de habilidades sociales en un ambiente de grupo pequeño, así como la facilitación de actividades   sociales. Se recomienda la terapia para ayudar con el razonamiento social, reducción de la ansiedad y/o el aprendizaje de las normas sociales.

• Es beneficioso para el niño la provisión de un tutor o maestra particular que lo ayude en la organización y comprensión del material académico (por ejemplo, la comprensión de lectura, matemáticas, expresión escrita).

• Establecer tareas y un medio ambiente organizado que incluya rutinas claras y los horarios con antelación de los cambios.

CAPÍTULO SEIS

OTROS TRASTORNOS

Trastorno por déficit de atención y comportamiento perturbador

A pesar de la clara clasificación y diagnóstico de los trastornos por déficit de atención y comportamiento (TDAH), aún existe una abundante información que puede ser adquirida a través del internet, la literatura y los medios de comunicación. Esta información puede ser extremadamente útil, pero además puede crear confusión, desconfianza a los profesionales que diagnostican el trastorno, y proveer información confusa a los padres en los diferentes pasos a ejecutar para recibir una correcta diagnosis y/o tratamiento. Además, los padres desconocen los cambios necesarios para acomodar al infante o adolescente para que su funcionamiento sea más positivo y productivo.

Frecuentemente he escuchado frases como: *"Cualquier chico que es travieso y corre tiene automáticamente hiperactividad y lo llenan de medicamentos"* o *"Ni se te ocurra decirle al pediatra que tu niño tiene problemas en la escuela porque enseguida te recetará medicamentos para la atención"* o *"Pobre nena, le dieron medicamentos cuando la diagnosticaron con TDAH y en vez de mejorar, su comportamiento y estado de ánimo empeoraron."*

Quiero poner en claro que yo no estoy en contra de proveer medicamentos, al contrario, la gran mayoría de los medicamentos tienen un efecto positivo en el tratamiento del TDAH. Lo único que quisiera agregar sobre éste tema es que existen varios medicamentos que ayudan a tratar los síntomas de atención, de hiperactividad y de impulsividad; algunos medicamentos tratan uno de los síntomas, otros medicamentos tratan dos o los tres síntomas. No voy a escribir más sobre esta tema, pues no soy un psiquiatra y no es el campo al cual tengo autoridad para discutir, pero el punto que quiero transmitir es que una buena diagnosis es imperativa y debe responder las siguientes preguntas: 1) Mi niño o yo mismo (en el caso de un adulto), ¿tengo TDAH?, 2) Si la respuesta a la pregunta previa es positiva: ¿déficit de atención, hiperactividad, impulsividad, o una combinación de dos o tres de los comportamientos?, y 3) De acuerdo a los resultados, ¿cuál es el mejor tratamiento?

El Trastorno por déficit de atención y comportamiento perturbador, o TDAH, es un trastorno del desarrollo que se refleja en la falta de auto-control. Básicamente, las tres conductas que se reflejan en las personas que tienen este trastorno incluyen: dificultades en la capacidad de la atención, falta de control de los impulsos y el nivel de actividad. Pero el trastorno incluye más deficiencias, las cuales se reflejan en el deterioro en la voluntad de un niño, la incapacidad del niño de controlar su comportamiento, la incapacidad de ser constantes y mantener las metas propuestas, y las consecuencias de la deficiencia en todas estas conductas en el afecto y los procesos emocionales. El TDAH no es solamente una cuestión de ser inatentos y/o muy activos, sino que también incluye una conducta que no es funcional, así como también un estado emocional que generalmente es negativo. El trastorno no es curable o es sólo un estado temporal que será superado, sino que es un trastorno real, un problema real, y muchas veces un verdadero obstáculo en el desarrollo funcional, emocional, perceptual, académico, laboral y social de la persona durante toda su vida.

Los costos del TDAH para la sociedad son enormes, no sólo en el subempleo y la productividad, sino también en la reeducación. Un porcentaje de los niños con TDAH tienen graves problemas en sus comunidades, han participado en el robo, en el consumo temprano del tabaco y el alcohol, y/o son expulsados de la escuela secundaria a causa de la conducta.

Dentro de los primeros cinco años en que una persona diagnosticada con TDAH maneja un auto, la probabilidad es casi cuatro veces más alta de tener o causar un accidente, tiene más probabilidades de causar lesiones corporales en accidentes de este tipo, y tienen tres veces más multas por exceso de velocidad al ser comparado con los conductores sin TDAH, por lo cual es importante tratar seriamente el trastorno.

Es muy común escuchar de los padres las siguientes frases al referirse a sus hijos:

"Mi hijo no parece escuchar".

"Mi hijo no logra terminar las tareas asignadas."

"Mi hija a menudo pierde las cosas".

"Mi hijo no puede concentrarse y se distrae con facilidad".

"Mi hijo parece que no puede estudiar sin supervisión".

"Mi hija necesita más redirección".

"Se pasa de una actividad incompleta a otra."

"Ella está a menudo confusa o parece estar soñando con algo".

En mi experiencia profesional, he evaluado a niños que fueron "diagnosticados" con TDAH sin hacer las evaluaciones correspondientes, fueron recetados distintos medicamentos (a veces pasando por varios de estos medicamentos), y después de varios años en que no progresan en sus estudios de la manera esperada, se pide que sean evaluados como último recurso, con el fin de comprender la causa de la falta de adelanto académico. Al finalizar la evaluación, se demostró que la falta de aprendizaje estuvo relacionada a un déficit de procesos y/o habilidades cognitivas, o a problemas emocionales que no son por sí relacionados al trastorno de déficit de atención, hiperactividad y/o impulsividad. Por eso, es primordial que una evaluación sea administrada como primer recurso.

El terapista mental tiene como tareas principales:

1)   Evaluar las habilidades cognitivas del niño, así como también la conducta, el desarrollo evolutivo y emocional usando instrumentos válidos. En el caso de la conducta y el funcionamiento emocional, se evalúa su funcionamiento tanto en la escuela como en el hogar.

2)   Informar a los padres los resultados y acordar con ellos un plan de intervención.

3)   Trabajar junto a los padres para asistir al niño en su conducta y su desarrollo evolutivo, mental y emocional.

Los síntomas que se pueden ver en los niños con este trastorno pueden incluir:

Desatención

✓ En general no se presta suficiente atención a detalles o hace errores por descuido en las tareas escolares, en el trabajo, o en otras actividades.

✓ A menudo tiene dificultades en mantenerse atento mientras completa tareas o al jugar

✓ A menudo no sigue instrucciones y no finaliza tareas escolares, encargos u obligaciones en el trabajo (no por tener dificultades en comprender instrucciones o por un comportamiento negativo).

✓ A menudo parece no escuchar cuando se le habla.

✓ A menudo tiene dificultades en organizar tareas o actividades.

✓ A menudo evita, resiste o le disgusta dedicarse a tareas que requieren un esfuerzo mental sostenido.

✓ A menudo extravía objetos como ser los juguetes, los ejercicios escolares, lápices, libros o herramientas.

✓ A menudo se distrae fácilmente con estímulos irrelevantes.

✓ A menudo es descuidado con las actividades diarias.

Hiperactividad

✓ A menudo mueve con exceso las manos y/o los pies, o se remueve en su asiento.

✓ A menudo abandona su asiento en la clase o en otras situaciones en la que se espera que se mantenga sentado.

✓ A menudo corre o salta excesivamente en situaciones en que es inapropiado hacerlo (en los adolescentes o adultos puede limitarse a sentimientos subjetivos de inquietud).

✓ A menudo tiene dificultades para jugar o dedicarse tranquilamente a actividades de ocio.

✓ A menudo "esta siempre a la marcha" o suele actuar como si tuviera un motor que nunca para.

✓ A menudo habla en exceso y de manera impulsiva.

✓ A menudo ofrece respuestas antes de haber sido completadas las preguntas.

✓ A menudo tiene dificultades para guardar turno.
✓ A menudo interrumpe o se inmiscuye en las actividades de otros (como ser conversaciones o juegos).

Los síntomas de hiperactividad, impulsividad o la falta de atención que causan las alteraciones son presentes antes de los siete años de edad y las alteraciones provocadas por los síntomas se presentan en dos a mas ambientes, como ser la escuela, el trabajo o en el hogar.

Se debe evaluar la existencia de pruebas claras de un deterioro clínicamente significativo en la actividad social, académica y/o laboral.

Por definición, los niños con TDAH demuestran dificultades con la atención en relación con la norma de los niños de la misma edad y sexo. Sin embargo, la atención es un constructo multidimensional que puede referirse a un estado de alerta, la excitación, la selectividad, la atención sostenida, la distracción o la duración de la detención.

El TDAH es frecuentemente asociado con una deficiencia en la inhibición de la conducta en respuesta a las demandas de la situación, o también llamada como la impulsividad, cuando es comparada con la conducta de otras personas de la misma edad mental y sexo. Al igual que la atención, la impulsividad es también de un carácter multidimensional. Las distintas formas de la impulsividad son a menudo asociadas con la falta de control de la conducta y la incapacidad para retrasar una respuesta, o diferir la gratificación.

Clínicamente, se observa a menudo en los niños una respuesta rápida a las situaciones sin tomarse el debido tiempo para analizar las instrucciones y completar adecuadamente o apreciar lo que se requiere en el entorno. Los errores por descuido son a menudo las consecuencias de esta conducta. Otra de las características principales de las personas con TDAH es el nivel excesivo o el inadecuado desarrollo de la actividad, ya sea motor o vocal. La agitación, la inquietud, y por lo general, los movimientos corporales drásticos e innecesarios son comunes, y muchas veces suelen ser irrelevantes para la tarea o la situación.

Los estimulantes del sistema nervioso central (SNC) son los fármacos psicotrópicos más comúnmente utilizados para tratar los síntomas de las personas con TDAH. El término "estimulantes del Sistema Nervioso Central o SNC" se refiere a la capacidad de estos medicamentos para elevar el nivel de actividad, la excitación o el estado de alerta del sistema nervioso central. Los tres estimulantes más comúnmente empleados son la Dextroanfetamina y el Metilfenidato (Ritalin). La Pemolina Magnesio se suspendió debido a la mala publicidad como consecuencia de los suicidios de algunos niños que recibieron el fármaco. La Metanfetamina se ha utilizado en un pequeño porcentaje de casos de TDAH, debido al potencial de abuso.

El uso de medicamentos estimulantes ha aumentado considerablemente durante los últimos veinte años. Históricamente, la mayoría de los niños han sido prescriptos entre los 5 y los 12 años de edad. Más recientemente, sin embargo, ha habido un aumento significativo en la prescripción de estos medicamentos para los adolescentes y los adultos con TDAH, ya sea por haber mejorado el conocimiento y evaluación del trastorno, o por la publicidad de las diferentes compañías de fármacos.

Los resultados de la investigación sugieren que los problemas con el comportamiento y los síntomas de TDAH en general continúan en la mayoría de los niños a medida que alcanzan la edad adulta. El comportamiento antisocial es probable que sea un problema para una minoría considerable de niños con TDAH al llegar a la edad adulta, con un mínimo de 18-28% con trastorno antisocial de la personalidad.

Un grupo importante de niños con TDAH son libres de diagnóstico psiquiátrico al llegar a la adultez, pero aún así, algunas investigaciones demuestran que un porcentaje muy alto de adultos con TDAH se quejan de dificultades emocionales, como la ansiedad, la tristeza, quejas somáticas, u otras características de la internalización de las emociones, como así también de problemas interpersonales. La incidencia de los trastornos psicóticos en niños con TDAH en la edad adulta no es mayor que la del grupo control normal.

Los medicamentos pueden reducir la agitación y la actividad motora. La mayoría de los niños que toman el medicamento son menos impulsivos y tienen menos problemas con la agresión, el ruido, la falta de cumplimiento, y la mala conducta. El tratamiento con medicamentos estimulantes reduce la intensidad y mejora la calidad de las interacciones sociales entre los niños con TDAH y sus padres, maestros y compañeros.

Los niños pueden experimentar varios efectos secundarios al tomar estos medicamentos. La mayoría de estos efectos están claramente relacionados con la dosis del medicamento que el niño está tomando: dosis altas producen más efectos secundarios. Se ha estimado, sin embargo, que un muy pequeño porcentaje de los niños con TDAH no pueden tolerar ninguna dosis de ningún medicamento estimulante. Algunos de los efectos secundarios son la disminución del apetito, el aumento del ritmo cardíaco; la presión arterial, el aumento de la actividad eléctrica del cerebro, el insomnio, los tics y un estado de nerviosismo.

Un efecto a largo plazo que ha sido motivo de preocupación para muchos médicos y científicos es la probabilidad de la supresión de la altura y el aumento de peso. La más reciente evidencia que los niños con TDAH pueden ser algo más pequeños en estatura que los niños de la misma edad cronológica antes de la pubertad, aunque llega a ser similar a sus compañeros durante la adolescencia. Sin embargo, dicho retraso en el crecimiento resulta ser relacionado con el TDAH y no con el medicamento.

Es siempre recomendable que los padres se informen sobre todo lo referente al TDAH, cuanto más sepan, más podrán ayudarse a sí mismos y a su hijo. La ayuda de un psicoterapista es siempre recomendable en la construcción de un programa de tratamiento, el cual se basa en proveerle una estructura de trabajo, una comprensión de las situaciones sociales, y además, proveerle tareas que son concretas y de corto plazo. Además, se recomiendan actividades deportivas, grupos sociales para aprender a desarrollar habilidades sociales e intervenciones conductistas en el hogar y la escuela.

Trastorno disocial o trastorno de la conducta

Los trastornos de comportamiento se caracterizan por tener como común denominador una conducta alterada y negativa en las relaciones sociales y en el rendimiento académico, como así también actos de agresión que pueden causar un daño físico a otra gente, como así también violar sus básicos derechos.

Los niños con el trastorno de la conducta pueden ser agresivos con animales y con personas, destruir la propiedad, robar y/o mentir, y/o escaparse de las clases en la escuela. Los niños con trastorno disocial suelen confrontar a las personas de autoridad, como ser los padres o los maestros, se sienten generalmente resentidos y reaccionan con ira.

El trastorno disocial o trastorno de la conducta se diagnostica cuando el individuo presenta una constelación de síntomas los cuales pueden incluir una conducta repetitiva y persistente violando los derechos básicos de otras personas o normas sociales importantes propias de la edad, y agresión a personas y animales. Estas conductas pueden incluir amenazar, fanfarronear, intimidar a otros, forzar a otros a tener una relación sexual, extorsionar, robar, atacar violentamente, crueldad física, utilización de armas, piedras, navajas o botellas, y, a menudo, iniciar peleas físicas.

Otras conductas que se ven en estos casos incluyen provocar deliberadamente incendios con la intención de causar daños graves, destruir deliberadamente propiedades de otras personas (en distinción con provocar incendios), violentar el hogar, la casa o el automóvil de otra persona, mentir para obtener bienes o favores o para evitar obligaciones (estafar) y robar objetos de valor sin enfrentar a la víctima, como ser robos en las tiendas o falsificaciones

Finalmente, las conductas que también se analizan en este trastorno incluyen aquellas en las que hay violaciones graves de las normas, como ser permanecer fuera de la casa durante la noche a pesar de las prohibiciones paternas, iniciando este comportamiento antes de los trece años de edad, o escaparse, viviendo en un hogar que lo substituye.

Como lo he mencionado anteriormente, los síntomas deben ser significativos, causando dificultades que son importantes en la escuela o en sus relaciones sociales.

Trastorno negativista desafiante

El trastorno es diagnosticado cuando el individuo demuestra un comportamiento negativo, hostil y desafiante. Algunos de los síntomas que se ven en los niños que tienen este trastorno incluyen enojarse y perder fácilmente el temperamento, constantemente desafiar y discutir con los adultos, negarse a cumplir sus obligaciones, molestar deliberadamente a otras personas, acusar a otros de sus errores o mal comportamiento, ser muy susceptible o fácilmente molestado por otros, es a menudo colérico y resentido, como así también ser a menudo rencoroso o vengativo.

Un punto importante de consideración es el de afirmar cualquiera de los criterios solamente en el caso en que el comportamiento se presenta con más frecuencia del observado típicamente en sujetos de edad y nivel de desarrollo comparables, y provocando un deterioro clínico significativo en la actividad social, académica y laboral.

El tratamiento para los niños con un trastorno disocial depende en gran parte de la severidad de los síntomas, pero en general se centraliza en la terapia familiar, como así también en educar y proveer a los padres maneras eficientes de comprender y dirigir al niño. Hay veces en que los síntomas son tan severos y persistentes que pueden derivarse, adicionalmente, a desarrollar otros trastornos como ser el trastorno de la conducta y el abuso de sustancias ilegales. En otros casos, la agresividad y los problemas emocionales son de tal severidad que la internación en una institución mental es recomendable.

Trastornos de la ingestión y de la conducta alimentaria de la infancia o de la niñez

Los trastornos de la ingestión y de la conducta alimentaria en la infancia o de la niñez se caracterizan por la persistencia de síntomas en la alimentación que no son funcionales, como ser la constante masticación y rumiación de la comida, y/o comer sustancias que no tienen ningún valor nutritivo, como ser pedazos de plástico o la suela de los zapatos. Dentro de esta categoría, se encuentran los siguientes trastornos, a saber:

Pica

El trastorno de Pica incluye la ingestión persistente de sustancias no nutritivas que son inapropiadas para el nivel del desarrollo del niño, siempre y cuando esta conducta se demuestra exclusivamente en el transcurso de otro trastorno mental, como ser el retraso mental o la esquizofrenia, y es de suficiente gravedad para merecer una atención clínica independiente.

Trastorno de rumiación

Los síntomas característicos de este trastorno incluyen las regurgitaciones repetidas, sin nauseas o enfermedad gastrointestinal asociada, sufriendo una pérdida de peso o demostrando una incapacidad para alcanzar el peso normal correspondiente a su edad cronológica y su altura.

Trastorno de la ingestión alimentaria de la infancia o la niñez

Este trastorno es diagnosticado cuando el sujeto presenta una alteración en la alimentación, manifestada por una dificultad persistente para comer adecuadamente, una incapacidad significativa para aumentar de peso, o con pérdidas significativas de peso. Además, hay que evaluar si la pérdida de peso no se debe a una enfermedad gastrointestinal ni a otra enfermedad medica asociada, como ser, por ejemplo, el reflujo esofágico, para estar seguro que la fuente del trastorno es psicológica y no medica.

El tratamiento de los trastornos de la alimentación incluye estudiar todos los aspectos psicosociales del niño en la búsqueda de las causas que llevan al niño a comportarse de tal manera. Hay veces en que el comportamiento es la consecuencia de mala o pobre alimentación, o del abandono del niño.

En general, la terapia incluye una combinación de educación y de técnicas conductistas que se utilizan para ayudar al niño a modificar su conducta, desde la terapia de aversión o de estímulos negativos, las cuales incluyen un muy pequeño shock eléctrico o un sonido no placentero cuando el niño trata de comer algo que no es alimenticio. Al mismo tiempo, se emplean estímulos positivos, proveyendo buenas alternativas alimenticias. En todos los casos, es siempre recomendable consultar con el médico pediatra si existe una causa médica que puede producir este comportamiento, como así también una consecuencia médica.

Trastornos de tics

Se define a un tic como contracciones musculares que resultan en movimientos o vocalizaciones que son involuntarias y no funcionales. Los trastornos de tics son un grupo de trastornos neuro-psiquiátricos, los cuales pueden ser divididos en simple o complejos. Los tics simples son aquellos que se caracterizan por contracciones rápidas y similares a los movimientos musculares normales como ser movimientos del cuello, abrir y cerrar de los ojos, algunas expresiones faciales, o encoger los hombros. Además, incluyen tics vocales, como ser ruidos imitando el ladrado de un perro, toser, o gruñir. Los tics motores complejos son aquellos que tiene un componente ritualista, como oler los objetos, saltar, tocar, repetición o imitar involuntaria de los movimientos observados (ecopraxia) o hacer de manera involuntaria gestos obscenos o tocar a una persona de manera inapropiada (copropaxia). Entre los tics vocales complejos se incluyen la repetición de sus propias frases o palabras (palilalia), o la repetición de la ultimas palabra pronunciada por otra persona (ecolalia).

Trastorno de la Tourette

Este trastorno es diagnosticado cuando el sujeto demuestra tics motores múltiples y uno o más tics vocales, aunque no necesariamente de modo simultáneo (una vocalización o movimiento súbito, rápido, recurrente, no rítmico y estereotipado). Estos tics aparecen varias veces durante el día (habitualmente en oleadas), casi todos los días o intermitentemente, provocando un notable malestar o deterioro significativo social, laboral o de otras áreas importantes de la actividad del individuo.

Al hacer la evaluación, es importante considerar si la alteración no se debe a los efectos fisiológicos directos de un producto farmacológico, como por ejemplo algunos estimulantes, o de una enfermedad médica, como por ejemplo la enfermedad de Huntington o una encefalitis post vírica.

Trastorno de tics motores o vocálicos crónicos

El trastorno es diagnosticado cuando el niño experimenta tics vocales (o vocalizaciones con tics) o motores que pueden ser simples o múltiples, con movimientos súbitos, rápidos o recurrentes durante varias veces en el día, durante casi todos los días, o intermitentemente a lo largo de un periodo de tiempo. Esta alteración causa un notable malestar o un significativo deterioro en la vida social, laboral o de otras áreas importantes de la actividad del individuo.

Es importante evaluar que el trastorno no se debe a los efectos fisiológicos directos de alguna sustancia, como ser estimulantes, ni a una enfermedad medica como ser la enfermedad de Huntington o encefalitis post vírica.

Trastorno de tics transitorios

El trastorno es diagnosticado cuando el niño demuestra tics motores y/o vocales simples o múltiples, o sea, vocalizaciones o movimientos que son súbitos, rápidos, recurrentes, no rítmicos y estereotipados, causando un notable malestar o un deterioro significativo en las relaciones sociales, o en la actividad académica. La diferencia con los trastornos de tics previamente vistos reside en los períodos de tiempo necesarios de la presencia de los distintos trastornos requeridos para la provisión de la diagnosis.

Es importante evaluar que esta alteración no se debe a los efectos fisiológicos directos de una sustancia, como ser, por ejemplo, los estimulantes, ni a una enfermedad medica como ser la enfermedad de Huntington o encefalitis post vírica.

El tratamiento de los niños o adolescentes con trastornos de tics debe comenzar con la educación de los padres y los maestros para evitar el castigo al niño o al adolescente por sus conductas que son vistas como inapropiadas.

En algunos casos, la severidad de los síntomas dificulta el desarrollo social y académico del niño o adolescente, por lo cual son requeridos varios tipos de terapia, incluyendo farmacoterapia, y estímulos conductistas positivos y negativos.

Trastornos de la eliminación

Los trastornos de la eliminación, los cuales incluyen la encopresis y la enuresis, son diagnosticados cuando el niño aún demuestra estos trastornos al cumplir los cinco años, edad en que se considera que tiene las habilidades físicas y mentales de controlar su vejiga e intestino.

Encopresis

El trastorno es diagnosticado cuando el niño evacúa repetidamente sus heces en lugares inadecuados, como ser la ropa o el piso, ya sea involuntaria o intencionada, esta conducta es inapropiada para la edad cronológica del niño, y no se debe exclusivamente a los efectos fisiológicos directos de una sustancia como ser, por ejemplo, los laxantes, ni a una enfermedad médica, excepto a través de un mecanismo que implique estreñimiento.

Enuresis

El trastorno es diagnosticado cuando el niño orina repetidamente en la cama o en la ropa, ya sea voluntaria o involuntariamente, el comportamiento en cuestión es clínicamente significativo, o por la presencia de un malestar clínicamente significativo o deterioro social, académico o de otras áreas importantes de la actividad del niño. La edad debe ser cronológicamente inapropiada para que este trastorno ocurra, y debe suceder exclusivamente como consecuencia de un efecto fisiológico directo de una sustancia como ser un diurético, ni una enfermedad médica, como ser la diabetes, la espina bífida o convulsiones. Hay que indicar si la enuresis ocurre solamente a la noche, durante el día, o tanto durante la noche como en el día.

La terapia debe centralizarse en educar a la familia y al niño sobre los orígenes del trastorno, reducir la ansiedad, proveer técnicas de relajamiento, terapia de apoyo, mejorar la estima propia del niño, y enseñar técnicas psicológicas apropiadas. Es siempre recomendable visitar a un neurólogo infantil para evaluar las funciones neurológicas involucradas en los actos de orinar y defecar.

Otros Trastornos

Trastorno de mutismo selectivo

El trastorno de mutismo selectivo es una condición infantil en la cual el niño se mantiene totalmente o casi siempre callado en situaciones sociales. Estos niños no tienen ninguna deficiencia biológica o cognitiva para hablar y hablan en cualquier otra situación que no incluya un componente social, y además la incapacidad para hablar no se debe a una falta de conocimiento o de fluidez del lenguaje hablado requerido en la situación social. Actualmente, es aceptada la noción que el mutismo selectivo está de alguna manera asociado a la fobia social, pues existe exclusivamente cuando hay un componente social.

A pesar de hablar en algunas situaciones, el niño no habla deliberadamente en situaciones sociales específicas en las que se espera que hable, como por ejemplo, en la escuela, interfiriendo en el rendimiento escolar o en la comunicación social. Siempre es necesario evaluar si el trastorno no se explica mejor por la presencia de un trastorno de la comunicación, como ser el tartamudeo, y no ocurre exclusivamente en el transcurso de un trastorno generalizado del desarrollo, esquizofrenia u otro trastorno psicótico.

El tratamiento incluye terapia cognitiva individual. Además, es siempre recomendable incorporar a la familia en el tratamiento psicológico del trastorno. La educación y la cooperación de la familia son imprescindibles en el tratamiento del trastorno. A veces, es necesaria la farmacoterapia.

Trastorno reactivo de la vinculación de la infancia o la niñez

El trastorno reactivo de la vinculación de la infancia o la niñez es definido como una manera inapropiada de relacionarse socialmente del infante o niño. En general, este trastorno está relacionado a un cuidado familiar patológico del individuo, el cual es descuidado o no recibe una atención y/o cuidado afectivo.

Entre las conductas que demuestran los niños con este trastorno, se pueden incluir la manera en que se relacionan con otras personas, siendo muy alteradas e inadecuadas para el nivel de desarrollo del niño, con una persistente incapacidad para iniciar la mayor parte de las interacciones sociales o responder a ellas de un modo apropiado a su nivel de desarrollo, manifestada por respuestas excesivamente inhibidas, excesivamente alertas, o sumamente ambivalentes y contradictorias. Por ejemplo, el niño puede responder a sus cuidadores con una mezcla de resistencia o evitando ser consolado, o puede manifestar una vigilancia fría.

Otro síntoma que se puede notar es la vinculación del niño con otras personas demostrando una sociabilidad indiscriminada. Por ejemplo, el niño demuestra excesiva familiaridad o falta de selectividad en la elección de gente extraña.

Durante la evaluación psicológica del niño, es importante considerar si la conducta es el resultado de la falta de comprensión de las relaciones sociales por un retraso generalizado del desarrollo, como ser en el caso de un retraso mental; en estos casos el trastorno no es diagnosticado.

Además, es recomendable evaluar si la crianza es patogénica por parte de los padres, quienes pueden demostrar una permanente falta de estimación de sus necesidades emocionales básicas relacionadas con el bienestar, la estimulación, las necesidades físicas básicas y el afecto, o si el niño ha vivido numerosos cambios de cuidadores primarios impidiendo la formación de vínculos estables.

Este trastorno tiene dos indicadores, los cuales son de tipo inhibido si el niño evita o se resiste una relación con las personas, o de tipo desinhibido si el niño demuestra excesiva familiaridad y falta de selectividad en acercarse a gente desconocida. El tratamiento de un niño que es diagnosticado con el trastorno reactivo de la vinculación de la infancia o la niñez comienza con la evaluación psicosocial integral con el propósito de asegurar su seguridad, ya que, en la mayoría de los casos, los infantes o niños se comportan de esta manera como resultado de la depravación emocional, nutricional y/o social. De esta manera, se decide si es conveniente dejar al niño en el hogar, hospitalizarlo o institucionarlo para la continuación del tratamiento.

Otros tratamientos que se consideran son la terapia individual y/o familiar, la inclusión de servicios sociales como ser una persona que ayude a la madre en las tareas hogareñas diarias como cocinar, limpiar o criar al niño, servicios de educación en los cuales se le enseña a los padres todo lo relacionado al crecimiento y crianza del niño o infante, y la farmacoterapia. Se debe monitorear continuamente el progreso en el tratamiento del niño o del infante.

Trastorno de movimientos estereotipados

El trastorno de movimientos estereotipados se caracteriza por movimientos o conductas repetitivas que no son funcionales y que, a veces, parecen ser compulsivas. Estos movimientos incluyen golpearse la cabeza o morderse las uñas.

Los niños que tienen este trastorno demuestran un comportamiento motor repetitivo, que parece impulsivo y no funcional, como ser sacudir o agitar las manos, balancear el cuerpo, dar cabezazos, mordisquear objetos, morderse a sí mismo, pinchar la piel o los orificios corporales, golpear el propio cuerpo.

En la mayoría de los casos, el comportamiento interfiere en las actividades normales o da lugar a lesiones corporales infligidas a sí mismo que requieren tratamiento médico o que provocarían una lesión si no se toman las medidas preventivas.

El diagnóstico es otorgado después de realizar una evaluación psicológica con el objeto de evaluar si no es provocado por alguna compulsión (como en el trastorno obsesivo-compulsivo), un tic (como en el trastorno por tics), una estereotipia que forma parte de un trastorno generalizado del desarrollo o una tracción del cabello (como en la tricotilomanía).

Además, es importante evaluar el grado del comportamiento autolesivo en el caso en que exista un daño corporal que requiera tratamiento específico, o que daría lugar a daño corporal si no se tomaran medidas protectoras.

Retraso Mental

El Retraso Mental se trasluce en un funcionamiento deficiente o significativamente bajo de las habilidades cognitivas de la persona, el cual se refleja en una inteligencia de nivel muy bajo. En general, este síndrome es diagnosticado durante la infancia, aunque en algunos casos puede ser diagnosticado antes del nacimiento. Para evaluar éste síndrome, se administran exámenes de habilidades cognitivas, los cuales deben proveer un coeficiente intelectual menor que 70. El funcionamiento general intelectual es determinado usando exámenes o tests que fueron estandarizados con un grupo de gente significativo de la población.

Otro factor que es considerado en el diagnóstico de retraso mental es la capacidad del niño, adolescente o el adulto, de adaptarse a las demandas de la vida normal. Estas deficiencias son notables cuando varias de las actividades que son consideradas normales para una persona de su edad son difíciles o imposibles de completar. Por ejemplo, si un niño de diez años no sabe su nombre, no sabe como atarse los cordones de un zapato o cepillarse los dientes sin haber ningún impedimento físico, es recomendable administrar los exámenes de sus habilidades cognitivas, como así también algún examen de adaptabilidad, para evaluar su nivel de inteligencia y adaptabilidad a las tareas de la vida cotidiana.

En general, pero no exclusivamente, la persona que tiene retraso mental, tiende a ser muy dependiente, pasiva, impulsiva, tiene baja estima propia y además muy poca habilidad de tolerar la frustración. A veces puede ser agresiva y obstinada. Por otro lado, otras personas con retraso mental pueden ser muy plácidas y fáciles de complacer, muy agradables y amorosas, y es un placer convivir con ellas.

Los estudios epidemiológicos indican que aproximadamente los dos tercios de los niños y adultos con retraso mental sufren además de algún trastorno emocional o de la conducta como ser trastornos psicóticos o del déficit de atención, respectivamente. En otros casos, tienen anormalidades físicas fácilmente visibles como baja estatura, malformaciones en los ojos, los oídos u otras partes del rostro, como ser el caso de algunos niños con el Síndrome de Down. Además, los individuos pueden mostrar conductas auto lesivas como golpearse la cabeza o morderse distintas partes del cuerpo, y también mostrar movimientos estereotípicos como sacudir las manos o caminar con la punta de los pies.

Las causas del retraso mental pueden incluir anormalidades genéticas, una enfermedad sufrida por el niño durante la infancia, daños estructurales del cerebro, los efectos de diversos elementos químicos o causas biológicas o sociales. El cinco por ciento de los casos de retraso mental ocurren como consecuencia de causas genéticas, las cuales incluyen anormalidades en los cromosomas, el trastorno de Tay-Sachs o el Complejo de Esclerosis Tuberosa. Un treinta por ciento de los casos ocurren por factores que influyen al feto durante los comienzos del embarazo, como ser substancias usadas por la madre (cigarrillo, alcohol, drogas, medicinas), y la Trisomía 21, la cuál es una anomalía de los cromosomas que da como resultado la aparición de 47 cromosomas en vez de 46 por la existencia de tres copias del cromosoma 21 en vez de dos, y así crea el Síndrome de Down.

Además, existe evidencia que algunos individuos tienen retraso mental como consecuencia de otros síndromes genéticos, como ser el Síndrome de Prader-Willi o el Síndrome de X Fácil, demostrando dificultades en relacionarse socialmente, el desarrollo cognitivo, y así también algunas conductas y características lingüísticas que son propias del grupo.

Otras anormalidades de los cromosomas que pueden causar retraso mental incluyen el Síndrome de Cri-du-Chat (falta parte del cromosoma 5), Fenilcetonuria (PKU, es una enfermedad genética provocada por la carencia de enzima felinananina hidroxilasa o de tirosina hidroxilasa), el Trastorno de Rett, Neurofibromatosis o Enfermedad de Von Recklinghausen (es un trastorno neurológico causado por un gene), el Síndrome de Lesch-Nyham (es una alteración recesiva del gene X), la Adrenoleucodistrofía, también denominada Enfermedad de Siemerling-Creutzfeld o Enfermedad de Schilder, una enfermedad genética ligada al cromosoma X, y la Enfermedad de la Orina con Olor de Jarabe de Arce, la cual es causada por la mutación de cuatro genes.

El diez por ciento de los casos de retraso mental son causados por factores que afectan al feto durante la gestación hasta el momento del nacimiento. Estos factores incluyen

- la Rubeola en la madre durante el embarazo (la cual puede prevenirse a través de la inmunización.)
- Sífilis en la madre al momento de la gestación.
- Toxoplasmosis, la cual puede ser transmitida al feto y así crear un severo retraso mental y, en algunos casos graves, causa convulsiones y microcefalia.
- Herpes simple, el cual es transmitido a través de la placenta o durante una infección al momento de

nacer. Puede causar microcefalia, anormalidades en los ojos o calcificación intracraneal.

- Complicaciones del embarazo como ser la Toxemia del Embarazo, Diabetes sufrida por la madre, malnutrición del feto, trauma durante el momento del nacimiento, falta de oxigeno o anoxia, o el nacimiento prematuro.
- Muchas madres con el SIDA dan a luz bebes prematuros o sus bebes nacen muertos, mientras que los que sobreviven tienen una alta probabilidades de tener retraso mental, convulsiones o una Encefalopatía Progresiva.
- Aproximadamente un cinco por ciento de los casos ocurren como consecuencia de condiciones físicas adquiridas tempranamente en la infancia, como ser infecciones, trauma (sobre todo trauma cerebral) y envenenamiento debido al plomo o pesticidas.

Alrededor de un veinte por ciento de los casos de retraso mental son causados por trastornos mentales o influencias del medio ambiente, como pueden ser la esquizofrenia infantil, la depravación cultural o la falta de estímulos cognitivos del medio ambiente.

Las personas que tienen un coeficiente intelectual de 50 a 70 son generalmente consideradas con capacidad de ser "educadas" a aprender las actividades de todos los días como vestirse, bañarse o aprender un trabajo simple.

Un menor porcentaje tiene un coeficiente intelectual de aproximadamente 30 a 50, y son consideradas como personas que tienen un retraso mental moderado, quienes generalmente pueden aprender a adquirir algunas habilidades sociales y trabajar en lugares "protegidos" y especializados en proveer ocupaciones de fácil y simple desarrollo.

Aquellas personas que son evaluadas con un retraso mental severo, tienen en general un coeficiente intelectual entre 20 y 30 aproximadamente. Por debajo de un coeficiente intelectual de 20, el retraso mental es considerado severo, y generalmente es causado por una condición neurológica. El retraso mental es una condición que es considerada como crónica, y no hay evidencia que puede ser cambiada durante el transcurso de vida de la persona.

En el caso de los niños, se recomienda una conferencia de padres y maestros para planificar los servicios de educación especial, como así evaluar la posibilidad de la formación de un grupo de profesionales que actuarán conjuntamente. En general, el niño debe recibir un programa educativo individualizado y adecuado a sus necesidades específicas.

En muchos casos, es probable que parte de los individuos diagnosticados con retraso mental demuestren una falta de atención y problemas de conducta, los cuales ocurren en gran parte debido a su dificultad con el razonamiento y la comprensión de las normas sociales, como así también en las dificultades que tienen en comprender las diversas materias académicas.

Además, es siempre recomendable proporcionar al niño una instrucción directa en materia de seguridad, auto-cuidado, y habilidades sociales. La terapia cognitiva es recomendable en este caso, ayudándole a comprender, instruirlo y educarlo a encontrar formas eficaces de hacer frente a las demandas de rendimiento diario y realizar las tareas de todos los días.

Un maestro privado o tutor es de gran ayuda en estos casos, capacitando al niño con retraso mental a realizar actividades de todos los días, como por ejemplo ir de compras, aprender el uso del dinero, enseñarle a usar diferentes aparatos como ser las computadoras o una máquina de lavar ropa, limpiar los platos, o coordinar la ropa.

Se recomienda que los padres trabajen estrechamente con el terapeuta para aprender las implicaciones del diagnóstico, así como la manera en que hay que modificar el comportamiento en el hogar, y paralelamente crear un programa de trabajo para ayudar al niño. Se pueden utilizar diversas técnicas, como ser la planificación de contingencia, el refuerzo positivo, y el fomento de la autoestima.

El terapeuta generalmente trabaja estrechamente con todos los miembros de la familia con el fin de enseñar, aumentar la capacidad de adaptación de todos los miembros de la familia en el hogar, y en el desarrollo de las relaciones con el niño, mientras que al mismo tiempo aumentar las habilidades del niño para tener una vida independiente.

Se recomienda ayudar al niño a conectarse socialmente, a canalizar sus energías y a incrementar su auto estima, como así también su participación en actividades grupales positivas con personas que tienen una discapacidad similar, como ser actividades deportivas, culturales o de entretenimiento como ser jugar.

Trastornos de las habilidades motoras

Los criterios para diagnosticar el trastorno del desarrollo de la coordinación incluyen:

1) La coordinación motora en las actividades de la vida diaria es substancialmente inferior a lo esperado en la edad cronológica del niño y su coeficiente de

inteligencia. Las dificultades pueden ser notables en la falta de adquisición o torpeza en el rendimiento en distintas actividades que requieren acción motora como ser el gatear, caminar, sujetar un lápiz, una pobre habilidad motores en actividades deportivas, pobre escritura y en general torpeza y retraso en diversos movimientos.

2) La falta de coordinación y la torpeza motriz interfiere significativamente en las actividades de la vida cotidiana y/o el rendimiento académico.

3) El trastorno no se debe a una condición médica como ser la hemiplejia, la parálisis cerebral o la distrofia muscular, un retraso mental o un trastorno generalizado del desarrollo, como ser todos los trastornos relacionados al espectro del autismo.

Los signos clínicos que sugieren la existencia de una falta de coordinación motora son evidentes cuando el niño es muy joven, demostrando una falta de habilidades para la edad cronológica y el nivel de desarrollo. Un diagnóstico se provee con una combinación de observación, completar tests apropiados, pidiéndole al niño que complete tareas que se le van presentando y analizando los resultados con lo que es normativo para su edad. Las tareas que se le piden que complete incluyen, entre otras, saltar, caminar, pararse con un pie, escribir algunas líneas, números o letras, o tomar distintos instrumentos o juguetes.

El tratamiento incluye ejercicios de integración sensorial y terapia ocupacional. Los programas de integración sensorial consisten en actividades que tienen como objetivo incrementar la coordinación viso-motora, ayudándole a disfrutar de las actividades físicas sin tener que soportar la presión de un grupo de niños, y tratando las dificultades sociales y emocionales creadas por las dificultades motoras.

Trastornos de la comunicación

La habilidad de hablar es esencial en el desarrollo social, académico, y emocional de los seres humanos. A través del habla, un niño aprende a relacionarse con otros niños, expresar sus deseos y emociones, y además logra obtener el aprendizaje académico. Hay dos tipos de trastornos de la comunicación, a saber, los problemas en la comunicación que son consecuencia de una deficiencia en la expresión oral o de una mezcla de las habilidades receptivas y expresivas del lenguaje, y además puede ser una deficiencia fonológica o de tartamudeo. Mientras que un niño con deficiencia fonológica sabe que palabra usar para comunicarse pero tiene dificultad en la pronunciación de la palabra, el niño que tartamudea demuestra una dificultad en la fluidez verbal, repite sonidos, o pronuncia sonidos de manera prolongada.

Trastorno del lenguaje expresivo

Un niño es diagnosticado con el trastorno del lenguaje expresivo cuando:

1) Los resultados de las distintas evaluaciones del lenguaje expresivo, normalizadas y administradas al niño con exámenes o tests estandarizados, son significativamente por debajo de los obtenidos mediante evaluaciones estandarizadas tanto de la capacidad intelectual no verbal como del desarrollo del lenguaje receptivo. El trastorno puede manifestarse clínicamente a través de síntomas que incluyen un vocabulario significativamente inferior, errores en los tiempos verbales, o en dificultades en la memorización de palabras, o en la producción de frases de longitud, o complejidad propias de lo esperado para un niño de la edad cronológica y/o el grado de estudio.

2) Las dificultades en el lenguaje expresivo interfieren en la comunicación social, el rendimiento académico o laboral.

3) No se cumplen los criterios para una diagnosis del trastorno mixto del lenguaje expresivo-receptivo ni de trastorno generalizado del desarrollo.

4) En el caso que el individuo haya sido diagnosticado con retraso mental, un déficit sensorial o motor del habla, la privación ambiental, o las deficiencias del lenguaje deben exceder de las habitualmente asociadas a tales problemas.

En general, las dificultades en la expresión del lenguaje son congénitas, aunque en algunos casos también pueden ser la consecuencia de algún trastorno neurológico o de algún trauma. Ya sea por una u otra razón, las dificultades se muestran en la comprensión del lenguaje oral (receptiva) y/o la dificultad de expresarse oralmente (expresiva). Es muy común encontrar que cuando hay dificultades en la habilidad de comprender lenguaje de manera oral, también se encuentra dificultades en la habilidad de expresarse oralmente.

El diagnóstico se provee cuando es evidente que el niño no puede expresarse de acuerdo a su nivel de edad cronológico por tener un vocabulario muy limitado, su funcionamiento en otras actividades es apropiada a su edad cronológica, otros aspectos de su funcionamiento son normales para su edad, o el trastorno no es causado por un trastorno del desarrollo. Antes de confirmar el diagnóstico, siempre es apropiado administrar tests o exámenes estandarizados de habilidades de la expresión del lenguaje, como así también tests o exámenes de habilidades cognitivas que no requieren procesamiento verbal.

Las consecuencias del déficit de expresión verbal pueden ser numerosas, y pueden incluir el ostracismo social, la baja estima, problemas emocionales como ser la ansiedad y la depresión, y la falta de logros en algunas materias académicas.

Existen varios tratamientos que pueden ayudar a un niño a sobrellevar este trastorno, los cuales se enfocan en mejorar la dicción, hablar en los tiempos verbales correctos, en los tonos correctos (como por ejemplo un tono particular cuando el niño pregunta), o pronunciar los pronombres de manera correcta.

La terapia del habla es también recomendable para enseñar al niño a expresarse en situaciones sociales y practicar con las unidades de sonidos, las cuales son también denominadas fonemas, y construir oraciones.

Se recomienda, en muchos casos, ayudar al niño a contrarrestar sus dificultades emocionales y sociales proveyéndole de una terapia la cual se le informa de la dificultad que tiene, se lo apoya mostrándole que la situación puede ser mejorada, mejorando su auto estima, y ayudándole a expandir sus actividades sociales.

Trastorno mixto del lenguaje receptivo-expresivo

El trastorno del lenguaje receptivo-expresivo es diagnosticado cuando hay una deficiencia de la comprensión, así como la expresión de lenguaje cuando es transmitido de manera oral.

Se diagnostica a un niño con este trastorno cuando los resultados obtenidos mediante las evaluaciones del desarrollo del lenguaje receptivo y expresivo, estandarizadas y administradas individualmente, son sustancialmente por debajo de los obtenidos mediante evaluaciones estandarizadas de la capacidad intelectual no verbal. Los síntomas incluyen los propios del trastorno del lenguaje expresivo, así como también dificultades para comprender palabras, como por ejemplo los términos espaciales. Las deficiencias del lenguaje receptivo y expresivo interfieren significativamente en el rendimiento académico o laboral, o en la comunicación social. En el caso que el individuo haya sido diagnosticado con retraso mental, déficit sensorial o motor del habla, o haya experimentado alguna privación ambiental, las deficiencias del lenguaje exceden las habitualmente asociadas a estos problemas.

Siempre es recomendable una exhaustiva evaluación de todas las habilidades relacionadas a la comprensión oral, las habilidades cognitivas y las habilidades receptivas y expresivas del niño antes de comenzar un programa de tratamiento. De acuerdo a los resultados, generalmente es recomendable un programa de instrucción lingüística individualizado o una clase con menos alumnos.

La psicoterapia es siempre recomendable, y a veces necesaria, con el fin de ayudar al niño a confrontar sus dificultades emocionales, académicas, sociales, como así también mejorar su auto estima.

Trastorno fonológico

El trastorno fonológico se diagnostica cuando el niño substituye un sonido por otro, u omite sonidos. Como consecuencia, el niño evita pronunciar fonemas, o demuestra dificultades producidas por la disartria, o sea, la mala articulación de los fonemas, como consecuencia de una mal función de los músculos que están a cargo de la pronunciación de palabras o letras, o de una dispraxia, o sea, la dificultad en el habla como consecuencia de una mala planificación y ejecución de la dicción. Se considera que tanto la dispraxia como la disartria tienen un origen neurológico. De todas maneras, la forma más común del trastorno fonológico es creada como una consecuencia de la falta de crecimiento en las habilidades fonológicas, las cuales se reflejan en niños hablando como bebés o niños más pequeños de su edad cronológica.

Entre los criterios para diagnosticar a un niño con un trastorno fonológico, se encuentra una incapacidad para utilizar los sonidos del habla que son esperados para una persona de su edad cronológica e idioma que habla. Estas incapacidades incluyen errores de la producción, utilización, representación u organización de los sonidos, usando sustituciones de un sonido por otro u omitiendo sonidos tales como consonantes finales, incluyendo deficiencias de la producción de los sonidos del habla interfieren el rendimiento académico o laboral, o la comunicación social.

En el caso que el individuo haya sido diagnosticado con retraso mental, un déficit sensorial o motor del habla, o una privación ambiental, las deficiencias del habla no deben ser mayores de las habitualmente asociadas a estos problemas.

Tartamudeo

El tartamudeo es una condición que se caracteriza por disrupciones involuntarias en la fluidez del habla. En algunos casos, el tartamudeo es de gran severidad, influyendo en la respiración, el rasgado de la lengua y el corte de los labios.

El origen del tartamudeo es desconocido. Entre las diferentes causas, se incluyen: los miedos, los conflictos, las ansiedades, las situaciones de mucho estrés, los déficits en distintas partes del cerebro o el funcionamiento motor deficiente en los músculos involucrados con el habla.

El tartamudeo se caracteriza por la alteración de la fluidez y la organización normal del habla para la edad cronológica del individuo, interfiriendo en el rendimiento académico, laboral y/o social. Se caracteriza por la frecuente ocurrencia de los siguientes sonidos:

- ✓ Repeticiones de sonidos y sílabas
- ✓ Prolongaciones de sonidos
- ✓ Interjecciones
- ✓ Palabras fragmentadas
- ✓ Pausas en el habla, bloqueos audibles o silenciosos
- ✓ Circunloquios o sustituciones de palabras para evitar pronunciar palabras con las cuales el individuo tiene dificultad de pronunciar
- ✓ Palabras producidas con un exceso de tensión física
- ✓ Repeticiones de palabras monosilábicas, como por ejemplo puede decir: "mi-mi-mi-mi perro"

El tratamiento del tartamudeo incluye ejercicios de respiración, técnicas de relajamiento y terapia del habla para ayudar a los niños a desacelerar el ritmo y modular el volumen del habla. Otras técnicas más recientemente empleadas incluyen el foco en la restructuración de la fluidez del habla con énfasis en la reducción de la velocidad, empezar a hablar de manera más lenta y suave, y transiciones más suaves en la pronunciación de sonidos, palabras y sílabas. En algunos casos, se usan remedios relajantes para ayudar al individuo a estar más relajado al momento de hablar.

CAPÍTULO SIETE

Trastornos del aprendizaje

Los trastornos del aprendizaje son referidos como déficits de un niño o un adolescente en la adquisición de las habilidades de la lectura, la matemática, la escritura, la expresión oral, y/o la comprensión oral o de lectura.

Estos trastornos incluyen el Trastorno de la Lectura, el Trastorno de la Matemática, el Trastorno de la Expresión Verbal y el Trastorno de Aprendizaje no Especificado. El diagnóstico es provisto cuando el rendimiento del niño es significativamente por debajo de sus habilidades intelectuales y/o en comparación con otros niños de su nivel académico y su edad.

Hay veces que los niños demuestran dificultades en aprender las diversas materias académicas. Si este es el caso, es muy importante, en primer lugar, hacer una evaluación general de las habilidades físicas, ya sea la habilidad de escuchar, ver o de hablar, así como también es importante evaluar las habilidades de comprensión de lo que escucha o de lo que lee. Hay muchos exámenes o tests que ayudan a evaluar estas habilidades, los cuales proveen un mejor entendimiento de las áreas en la cual existen dificultades y que impiden al niño confrontar e incrementar su nivel educacional.

Además, es prudente en estos casos hacer una evaluación de las habilidades cognitivas del niño, especialmente la habilidad de memorizar la información aprendida, como así también el modo en que la información aprendida es procesada.

La memoria es una función del cerebro que permite codificar, almacenar, manipular, ordenar y recuperar la información. Por ejemplo, para calcular cuánto es cuatro por nueve, la persona debe "manipular" datos para llegar a un resultado.

Hay varios tipos de memoria, como por ejemplo la memoria de largo plazo, de corto plazo, la memoria visual, auditiva o verbal. Hay veces en que la habilidad de memorizar de un niño es baja en todos sus aspectos, y otras veces pueden ser bajas en algunos aspectos mientras son normales o muy buenas en otros aspectos. Por ejemplo, el niño puede tener una muy buena habilidad de memorizar información recibida verbalmente, pero puede tener dificultad en memorizar información recibida de manera visual.

El cerebro requiere tiempo y capacidad para procesar la información, almacenarla en la memoria y/o evaluar una respuesta adecuada. El tiempo necesitado para "pensar" se conoce como la velocidad de procesamiento y está relacionada estrechamente con la atención. Hay muchas veces en que la velocidad del niño es deficiente o muy lenta en procesar la información, ya sea en la identificación, clasificación, en otorgarle un sentido a la información y en relacionarla a toda la información previamente adquirida. En este caso, el niño necesita más tiempo para que todos estos procesos se cumplan.

Dado que el aprendizaje implica a menudo una combinación de procesamiento de la información de rutina (como la lectura) y el procesamiento de información compleja (como el razonamiento), una debilidad en cualquiera de las áreas relacionadas con la atención, la concentración, la velocidad de procesamiento de la información de rutina y la memoria pueden hacer que la tarea de comprender información necesite de más tiempo y/o es extremadamente difícil para el niño. Por lo tanto, estas deficiencias pueden dejarlo con menos tiempo y energía mental para la compleja tarea de comprender el nuevo material, y consecuentemente contribuyen a su falta de logros en la escuela.

Es muy importante evaluar las habilidades sensoriales y cognitivas del niño con el fin de poder localizar las áreas deficientes de funcionamiento. Después de recibir los resultados, son numerosas las acciones que se pueden tomar para ayudar al niño a mejorar su aprendizaje. Sólo los profesionales calificados que han sido capacitados para identificar problemas de aprendizaje pueden llevar a cabo una evaluación formal para diagnosticar problemas de aprendizaje. Estos profesionales pueden ser psicólogos clínicos o educativos, psicólogos escolares, neuro-psicólogos, o especialistas en tratar los trastornos o discapacidades del aprendizaje.

Los problemas de aprendizaje son una condición permanente; no se corrigen o se curan, aunque muchas personas desarrollan técnicas de capacitación a través de la educación especial, la tutoría, medicamentos, terapia, desarrollo personal, o la adaptación de las habilidades de aprendizaje. En general, se recomienda que el niño estudie con un maestro privado o tutor especializado en la enseñanza de niños con dificultades académicas. En el caso en que el niño demuestre deficiencias en la velocidad en que procesa la información, se recomienda que atienda clases especializadas en las cuales se enseña más lentamente.

Además, en el caso que el niño demuestre dificultades en el aprendizaje, es recomendable ayudarlo con los siguientes servicios:

• Proporcionándole terapia ocupacional siempre y cuando los problemas de aprendizaje sean de capacidad visual-espacial o de las habilidades motoras finas (como ser el uso de los dedos al sujetar un lápiz).

• Se recomienda el asesoramiento o la psicoterapia centrada en la autoestima y las estrategias para ayudar al niño a confrontar dificultades.

• Darle al niño la oportunidad de socializar con sus compañeros de manera adecuada (por ejemplo, actividades de la comunidad de esparcimiento, deportes, Scouts, etc.)

• Reforzar las habilidades en las cuales el niño demuestra buenos logros, mientras que al mismo tiempo se ayuda a desarrollar opciones para suplementar a las áreas de debilidad.

• Hay programas de computadora que se especializan en las diferentes áreas de procesamiento de la memoria y/o la velocidad del procesamiento de la información para niños de todos los niveles. Además, hay programas de computadora en todas las materias académicas que se especializan en enseñar al nivel y el ritmo apropiado al niño para ayudarlo a comprender y avanzar sus estudios.

Trastorno de la lectura

En términos generales, se espera que cada niño aprenda un determinado número de palabras (léxico) a medida que va llegando a las distintas edades cronológicas y niveles de estudio, comprenda textos literarios cada vez más elaborados, y lea de manera más fluida. Hay veces en las cuales el niño no logra demostrar logros académicos de acuerdo a su grado o edad.

De acuerdo a los estudios que se han realizado, entre el dos y ocho por ciento de los niños tienen algún trastorno de la lectura. A veces, los niños con un trastorno de la lectura pueden también demostrar ser propensos a tener problemas de la atención, demostrar algún trastorno disocial o de la conducta, así como también algún trastorno de la depresión.

Generalmente, se puede diagnosticar a un niño con un trastorno de la lectura mientras estudia el primer grado, aunque con niños de alta inteligencia se puede recién detectar a los nueve años pues encuentran la manera de compensar su deficiencia memorizando o usando la inferencia. Así también, los niños con un trastorno de lectura, demuestran omisiones de letras, y distorsiones u omisiones de palabras. A la mayoría de los niños con un trastorno de la lectura no les gusta redactar o leer. Muchos se sienten humillados y frustrados por el fracaso demostrado en la falta de logro académico, y así también corren el riesgo de empezar a tener ansiedad cuando sienten que no logran cumplir con las expectativas de los padres y los maestros.

No existe una sola causa que puede identificarse como originaria de un trastorno de la lectura, aunque los factores pueden a veces identificarse como problemas relacionados al desarrollo del niño, genéticos y/o del medio ambiente. Las historias de complicaciones en la salud de la madre durante, antes o después del embarazo son comunes en los niños con un trastorno de la lectura. Algunos estudios sugieren una relación entre la malnutrición del niño y el trastorno de lectura.

Hay numerosos exámenes que evalúan los logros académicos del niño en los diferentes aspectos de la lectura, ya sea la identificación de letras y/o palabras, la fluidez de la lectura, y la comprensión de lo que lee. Si los resultados de los diferentes exámenes o tests, los cuales fueron estandarizados con un gran grupo de la población infantil, demuestran una significativa diferencia entre las habilidades cognitivas por un lado, y el grado de educación o la edad cronológica del niño por el otro lado, se diagnostica al niño con un trastorno de la lectura.

Además, como lo he escrito anteriormente, es siempre importante analizar si existe alguna deficiencia sensorial, como así también el desempeño de las actividades diarias, los cuales impiden el logro académico.

Trastorno del desarrollo de la lectura (Dislexia)

El trastorno del desarrollo de la lectura, o la dislexia, se produce cuando existe un problema en las áreas del cerebro que ayudan a interpretar el lenguaje. No es causado por problemas de visión. Los niños con dislexia tienen muchos talentos y su crecimiento hacia la adultez es exitosa, pero aún así, van a luchar en su aprendizaje de la lectura, la escritura, y la ortografía, especialmente durante los primeros años de la vida académica.

El trastorno es un problema del procesamiento de información que no interfiere con la capacidad para pensar o comprender ideas complejas. La mayoría de las personas con este trastorno tienen un nivel de inteligencia normal, y muchos tienen inteligencia superior al promedio. La dislexia no es curable. Al principio, el niño demuestra una gran dificultad a nivel académico, o puede leer y escribir bien en la escuela primaria, pero puede tener dificultad en aprender un idioma extranjero.

El trastorno del desarrollo de la lectura puede aparecer en combinación con el trastorno de la escritura y/o también en el desarrollo y trastorno de la matemática. Todos estos procesos implican el uso de símbolos para transmitir información. Estas afecciones pueden aparecer solas o en cualquier combinación. La dislexia es a veces transmisible y es común encontrarla en las familias.

Una persona con este trastorno puede tener problemas de rima y de separación de sonidos que forman las palabras al ser habladas. Estas habilidades son fundamentales en el proceso de aprender a leer. El niño inicialmente comienza a desarrollar sus habilidades en la lectura basándose en el reconocimiento de palabras, lo que implica la capacidad de separar los sonidos en palabras y compararlas con las letras así como también con los grupos de letras.

En general, los síntomas de este trastorno pueden incluir dificultad en la comprensión o en el contenido de una oración, dificultad en identificar las palabras escritas, y dificultad con las rimas al momento de leer. La dislexia es mucho más compleja que la simple confusión o de transposición de las letras, por ejemplo, confundir la letra "b" con la letra "d". Es común que los niños escriban letras revertidas, y eso no significa que tienen dislexia.

Las personas con este trastorno tienen dificultades para conectar los sonidos del lenguaje con las letras de las palabras, y pueden tener dificultad para entender oraciones.

Contrariamente a la creencia popular, la dislexia no es causada por el bajo nivel de enseñanza en la escuela, malas maestras, mal crianza de los padres, o una vida familiar difícil. Estos factores pueden explicar porqué muchos niños tienen problemas en la lectura, pero no son causantes de la dislexia.

Para maximizar el aprendizaje de un niño con dislexia, es importante un enfoque visual, auditivo y táctil, en el cual se combinan simultáneamente los sentidos, los cuales, junto con estrategias de aprendizaje, enseñan nuevos hechos y conceptos. Los métodos incluyen la vista, el habla, el escuchar, y la participación activa del niño, los cuales conjuntamente lo ayudaran a aprender más rápido y mejorar su capacidad para retener nueva información.

Algunas técnicas para tratar la dislexia pueden incluir:

☐ Tutoría en un enfoque multisensorial basado en la fonética a la lectura (por lo general siempre de forma individual, varias veces por semana), ha demostrado ser el tratamiento más eficaz para la dislexia.

☐ Modificaciones en el aula:

• Permitir un tiempo adicional para completar los exámenes.

• Permitir la participación en pruebas en un formato oral cuando sea apropiado.

• No castigar al niño por los errores de ortografía.

• Ayudar al niño en la toma de notas y copiar de la pizarra, como también permitir que el niño pida al maestro tomar algunas notas o grabar conferencias, para su posterior revisión.

• Permitir al niño el uso de un procesador de textos en la computadora con corrección ortográfica, y / o un corrector ortográfico de mano en la clase de trabajo.

• Deje que la exención del requisito de idioma extranjero, o, cuando ello no sea posible, animar al niño / adolescente a aprender un idioma extranjero que es fonético (como el italiano).

Las estrategias para un estudiante en edad universitaria pueden incluir:

• Recomendar al estudiante a tomar un número reducido de cursos.

• Darle un tiempo suficiente para tomar un exámen y completar las tareas.

• Haga que el estudiante utilice sistemas computarizados de asistencia de lectura.

• Recomendar libros grabados en cinta.

Las estrategias para facilitar la comprensión en la lectura incluyen:

• Usar la "instrucción de soporte", como el suministro de ejemplos verbales y visuales o modelos.

• Antes de la lectura, proporcionar preguntas de enfoque (por ejemplo, "quién", "qué", "dónde", "cuándo", "por qué", y "cómo") que dirigen la atención del niño a la formación de salientes y establecer un propósito para la lectura.

• Proporcionar las ayudas estructurales para la lectura de las tareas (por ejemplo, preguntas de comprensión antes de la lectura, un mapa de la historia o en la página de internet para ser llenada, mientras el niño está leyendo, un esbozo del esqueleto de la lectura).

Trastorno del cálculo o de la matemática

Cuando el nivel académico obtenido en el promedio de las diferentes materias relacionadas a la matemática, como ser el reconocimiento y memorización de los números, completar o resolver los diversos cálculos matemáticos de manera adecuada, o el niño demuestra una falta de fluidez en completar cálculos matemáticos en un determinado período de tiempo de acuerdo a su edad y el nivel de grado, se diagnostica al niño con un trastorno del cálculo o la matemática. Como lo he señalado anteriormente, este trastorno puede aparecer solo o en combinación con un trastorno de la lectura o un trastorno del lenguaje.

Hay cuatro habilidades las cuales son consideradas al evaluar un trastorno de la matemática, a saber:

1) La habilidad perceptual, o sea, la habilidad de comprender e identificar los símbolos, así como también saber juntarlos en grupos de números.
2) La habilidad de la atención, o sea, saber copiar los números y los símbolos operacionales correctamente.
3) La habilidad lingüística, o sea, la capacidad de transferir conceptos verbales en símbolos matemáticos.

Discalculia

La discalculia es considerada como el equivalente de la dislexia en los niños que son diagnosticados con un trastorno de la lectura. Como en la dislexia, la discalculia puede ser creada por una deficiencia en la percepción o en problemas en el proceso de la información. La mayoría de las personas con este trastorno tienen inteligencia normal, y muchos tienen inteligencia superior al promedio.

Síndrome de Gertsmann

Gerstman considera la discalculia como dificultades en la operación de cálculos aritméticos simples y/o complejos, las cuales conducen a un deterioro en la secuencia de los números y de sus fracciones.

En cuanto a los orígenes del trastorno de la matemática, se pueden considerar los siguientes, a saber:

1)   Deficiencias cognitivas, las cuales pueden interferir en la comprensión de las relaciones causa-efecto, la falta de fluidez en la realización del cálculo matemático, y la interpretación errónea de los pasos a seguir para completar el cálculo.

2)   Deficiencias simbólicas, o sea, un déficit en las tres áreas de aplicación para completar cálculos matemáticos, las cuales son el lenguaje (el niño no comprende el vocabulario relacionado a la matemática), la lectura (el niño demuestra una incapacidad en codificar los números e interpretar su significado), y la escritura (el niño demuestra dificultades en escribir).

3)   Deficiencias de la memoria, o sea, el niño demuestra dificultad en memorizar y/o manipulear la información. Como he señalado anteriormente, la memoria cumple un número de funciones las cuales incluyen el ordenamiento, la preservación, la manipulación de la información.

4)   Deficiencias perceptivas, o sea, el niño demuestra dificultades en las áreas de la percepción visual que incluyen la diferenciación de figura-fondo, discriminación o la orientación espacial.

5)   Trastornos de la conducta, o sea, hay algunos trastornos del comportamiento que pueden influenciar en la capacidad de aprender información, como ser el corto período en que el niño presta atención, la impulsividad o la falta de la perseverancia.

En cuanto a las bases neurológicas, se considera que, en la mayoría de la gente, las habilidades de resolver problemas de origen matemático se encuentran localizadas en el hemisferio derecho cerebral, mientras que las funciones que procesan la información de origen verbal, están localizadas en el hemisferio izquierdo cerebral. Generalmente, hay un intercambio de información entre los dos hemisferios cerebrales, pero a veces el funcionamiento es deficiente, el cual puede crear dificultades en la comprensión, la interpretación, de la identificación de los números, y de la resolución de los cálculos matemáticos.

En la actualidad, los mejores tratamientos para tratar el trastorno de la matemática incluyen la combinación de la enseñanza de los conceptos matemáticos con una continua práctica de problemas matemáticos. Hay algunos juegos y programas para uso en las computadoras, los cuales pueden ayudar al niño.

Trastorno de la expresión escrita

Los logros académicos en la escritura demuestran ser significativamente por debajo de las habilidades cognitivas, de la edad cronológica y/o el grado de enseñanza del niño. Esta falta de logro académico interfiere significativamente en el rendimiento escolar o las actividades de la vida cotidiana que requieren la realización de textos escritos. Siempre hay que evaluar si existe algún déficit sensorial que puede influir en este logro académico.

El trastorno de la expresión escrita incluye los errores de ortografía, de puntuación, de gramática y de pobre caligrafía.

El tratamiento incluye práctica en la ortografía, la escritura de oraciones, como así también el estudio de las reglas de la gramática. Otras técnicas incluyen:

• Proporcionar al niño con una exposición constante a los juegos de palabras como el Scrabble, o rompecabezas.

• Proporcionar al niño con un diccionario de ortografía.

• Recomendar juegos de ortografía disponibles en el mercado para ayudar a codificar la práctica y el uso de la regla.

• Fomentar el uso de un procesador de textos o un corrector ortográfico de mano.

CAPÍTULO OCHO

Trauma y Trastornos Psicóticos

Trauma

Al considerar el trauma en los niños, la primera pregunta que se plantea es qué es un trauma. De manera simple, el trauma es un evento extraordinario por su intensidad y peligro, el cual abruma a la persona con sentimientos de horror y con la sensación de impotencia por no poder hacer nada para contrarrestarla. Este evento origina un profundo dolor emocional, trastornos del comportamiento, confusión, y se graba de manera significativamente más profundamente que las experiencias normales que vivimos durante todos los días.

Además, estos recuerdos traumáticos son angustiantes y difíciles de controlar emocionalmente, entrometiéndose en las vidas diarias de los niños de un modo constante y alarmante, temiendo que el evento se repetirá, y demostrando dificultad en creer que no volverán a suceder. Los traumas provocan dificultades emocionales que requieren un tratamiento psicológico y a veces psiquiátrico, una gran cantidad de protección emocional al niño, comprensión, tiempo y apoyo.

Mientras que el estrés es la consecuencia de uno o varios eventos que se van desarrollando y/o acumulando paulatinamente en un período de tiempo, el trauma ocurre súbitamente sin darle al niño el tiempo necesario para su preparación. La sensación de impotencia al sentirse que no puede hacer nada, puede generar una inestabilidad emocional que se transluce en altos niveles de ansiedad, depresión y, a veces, desesperación. La combinación de lo súbito y lo impredecible, y el sentirse abrumado por la experiencia vivida, crean una sensación de terror la cual es difícil de controlar.

Entre las causas de un trauma, se pueden incluir los accidentes, las catástrofes y desastres naturales, el abuso sexual y/o físico, violencia interpersonal, observación o ser testigo de un evento dramático, o presenciar un evento que le recuerda de una experiencia traumática previamente vivida.

Otras situaciones, como por ejemplo la muerte de uno de los padres, es un evento de pérdida de un ser querido que, depende de las circunstancias, puede ser traumático o no, depende del grado de preparación del niño al momento de la muerte.

Los niños pueden expresar su inestabilidad emocional de distintas maneras, aunque el cambio en la conducta es el indicador más común. Es muy poco común que los niños por debajo de la edad de la adolescencia hablen detallada o abiertamente de sus sentimientos. Los cambios en la conducta son generalmente inmediatos, aunque en menos casos pueden ocurrir de manera gradual.

Algunos de los cambios en la conducta observados en los niños más pequeños incluyen ansiedad y miedo, especialmente al ser separados de las personas con las cuales tiene una relación de apego, miedos específicamente relacionados con eventos o situaciones que de alguna manera están asociados al trauma, ser más reclusos y evitar interacción social, "congelarse" o quedarse petrificado cuando ocurre una situación similar a la causante del trauma, cambios en la personalidad y/o el estado anímico o la pérdida de habilidades previamente adquiridas, como ser ir al baño o comer independientemente, vestirse o higienizarse por su cuenta.

En el caso de un abuso sexual, los síntomas que pueden ser observados incluyen intensa masturbación, miedo repentino de hombres, mujeres o cierto tipo de lugares, juego de naturaleza sexual con juguetes, dolor, irritación, inflamación o diagnostico de una enfermedad en el área genital que es transmitida a través de actividad sexual, preocupación o excesivo interés en sus órganos genitales, o tocar a otras personas de manera no apropiada.

En los niños de seis a once años, los síntomas pueden incluir cambios de personalidad y del estado de ánimo, miedo que el evento traumático vuelva a ocurrir, la pérdida de interés en actividades que previamente causaban placer, la intrusión de imágenes no gratas o recuerdos traumáticos, quejas de dolor en distintas partes del cuerpo sin encontrar ninguna explicación o causa médica, o miedos post-traumáticos.

En el caso de un abuso sexual, los síntomas que pueden ser observados incluyen dar "claves" de que algo de carácter sexual le ha ocurrido, indicaciones de contenido sexual verbales o conductuales inapropiadas para la edad, un interés inapropiado o excesivo en sus órganos genitales o temas relacionados a la conducta sexual de los adultos, relacionarse a los adultos de una manera sexual, o específicamente contar de la experiencia sexual.

¿Porqué los niños reaccionan de distintas maneras al trauma vivido? Algunos niños siguen funcionando emocionalmente como si nada hubiera pasado, mientras que otros experimentan un devastador derrumbe del estado anímico. La respuesta a esta pregunta se puede encontrar al analizar diversos aspectos de las características particulares del niño, como ser el temperamento, la capacidad de resistencia a eventos vividos de carácter negativo, las características de la familia en la cual se han criado, los tipos del trauma vivido, el sexo del niño y la edad en la que el niño vivió su experiencia traumática.

Otros elementos que influyen en la reacción del niño al trauma incluyen la duración del evento traumático, la percepción del niño del evento traumático, si el evento incluye personas que son amadas por el niño, la medida en que el evento ha sido de peligro para su vida, la presencia de violencia, y la manera en que el evento ha sido perjudicial para él, su vida, y/o sus seres queridos.

En el caso de trauma en el ámbito familiar, la experiencia vivida por el niño tiene el potencial de crear una gran aflicción y tensión. Es siempre que los padres observen las conductas y el funcionamiento emocional del niño para poder identificarlos y así basar una terapia directamente relacionándose a esas dificultades. Es común encontrar sentimientos de culpa, angustia, miedo o de abandono en niños que han sufrido un evento traumático. A veces, estos sentimientos son también transmitidos a los hermanos o hermanas. En general, los padres pueden reaccionar de una manera similar a la de su hijo, pero además tienen pensamientos o imágenes molestas, cuestionamientos sobre sus habilidades de proteger a su niño cuando no pudieron evitar que tenga la experiencia traumática, buscan explicaciones y causa confusión. Es común ver que los dos padres reaccionan de manera distinta y esto puede crear conflicto y mutuas acusaciones. Los incidentes de abuso sexual son los más complicados para los padres de enfrentar, especialmente cuando uno de los padres es el causante del evento.

Trastornos psicóticos

El niño pierde su sentido de seguridad al experimentar un evento traumático, y consecuentemente busca en los adultos y las personas con las cuales tienen una relación de apego la ayuda y protección necesaria. Los padres, por su parte, también sienten la falta de seguridad de poder proveer al hijo la ayuda necesaria y, a veces, experimentan las sensaciones de horror y dolor al confrontarse con la gravedad de la situación. Los niños buscan ayuda y los padres se sienten incapacitados de proveer la asistencia necesaria.

La realidad es que los padres no siempre pueden evitar un trauma. Ya sea cuando un tiburón muerde la pierna de un niño al bañarse en la orilla del mar, o recibe un golpe extremadamente fuerte al caerse de una calesita, o sufrir quemaduras al reventar una garrafa, hay situaciones que están fuera de sus manos o son impredecibles.

Aún así, los padres pueden hacer numerosas cosas para ayudar a su hijo. Es obvio que los padres deben consolar y ofrecer mucho cariño y amor a su hijo, el cual puede ser expresado al acariciarlo, abrazarlo, relajándolo, contándole cuentos, cantándole, jugando o simplemente hablándoles de los buenos tiempos que fueron compartidos. Los niños más grandes necesitarán además tener otro tipo de necesidades, como el poder hablar sobre el trauma en la búsqueda de explicaciones o de justificación de sus dificultades conductuales o emocionales.

Una especial atención es necesaria en el tratamiento de los disturbios emocionales a la hora de dormir o de la noche. En esta situación, siempre es recomendable estar junto al niño hasta que éste se adormece, leyéndole cuentos o cantando canciones con contenido positivo o mágico, acariciándolos o dándoles masajes livianos para tranquilizarlos y bajar el estrés. Todas estas acciones proveen un sentido de seguridad necesitado por el niño como así también incrementar el lazo emocional entre padre o madre y el hijo. Éste también es el tratamiento recomendado para evitar pesadillas. No tenga miedo de "malcriar" al niño al otorgarlo demasiada atención, lo importante es enfocarse en contrarrestar los efectos del trauma.

Si los niños sufren pesadillas, es importante estar junto a ellos y proveer la calma necesaria a través de la presencia física. Al día siguiente, es recomendable discutir la pesadilla con el niño, con la intención de ayudarlo a expresarse verbalmente, tratar de comprender la esencia de la pesadilla, y así también proveer nuevamente el sentido de seguridad. Ésta también es una buena oportunidad para explicarle, de acuerdo a su edad y su capacidad de comprensión, lo que le ha pasado, buscando razones y ofreciéndole maneras de poder confrontar sus dificultades emocionales de manera más eficaz.

Es de esperar que un niño, al tener una experiencia traumática, demuestre un retroceso y reaccione comportándose como un niño menor de su edad cronológica. En este caso, es recomendable que los padres se adapten al funcionamiento emocional y conductual del niño, demostrándole una comprensión de sus miedos, preocupaciones y necesidades. El regreso es una reacción normal y temporaria, y generalmente se corrige a medida que el niño siente mejoría o balance emocional.

Hay niños que no demuestran ninguna dificultad emocional después de vivir una experiencia traumática, ya sea pues se sienten confusos, no poseen la capacidad emocional o intelectual de poder comprender o expresarse, o por la vergüenza o el miedo de la reacción de los padres. No se recomienda confrontar al niño en la búsqueda de la razón o causa de su cambio de conducta o de sus sentimientos, en cambio, buscar otras maneras de expresión, como los dibujos o el juego, puede ayudar a dar algunas claves. Siempre, repito, siempre, hay que respetar los sentimientos del niño, no cuestionarlos o negarlos, y menos ridiculizarlos. Lo recomendable es ofrecerles comprensión, cariño, apoyo y maneras de enfrentar sus miedos, dudas y conflictos al mismo tiempo de ofrecer opciones más eficaces de acción.

Cuando el niño experimenta recuerdos perturbadores o reacciones de pánico relacionados al trauma vivido, es necesario proveer inmediatamente apoyo, seguridad, comprensión y educación. Se recomienda que los padres hablan sobre el "aquí y ahora", transmitiéndole la sensación de seguridad en contraste con la sensación de impotencia vivida durante el momento de trauma. Como he escrito anteriormente, es muy útil proveer al niño con oportunidades para expresar sus sentimientos, ya sea verbalmente, o pidiéndoles que escriban alguna historia, a través del juego imaginario o el dibujo. En muchos casos, el niño cuenta su experiencia traumática numerosas veces. Ésta es considerada una manera de cura.

Hay que estar alertas y preocuparse cuando el niño, después de haber experimentado una experiencia traumática, demuestra conductas que pueden ser peligrosas para él u otros, comenta que le gustaría estar muerto, habla sobre la muerte, pierde el sentido de lo que es real y lo que es fantasía, demuestra extremadamente alto nivel de depresión y/o ansiedad, cuando las dificultades conductuales son tan severas y numerosas que los padres se sienten incapaces de proveer confort o seguridad, sintiendo así mismo que el manejo de las dificultades están fuera de su alcance.

Para intervenir en esta crisis, es recomendable consultar con un profesional de la salud mental que se especialice en trauma. A veces, es necesaria la intervención psiquiátrica para proveer remedios psicotrópicos.

Hay veces que los niños comienzan a presentar efectos del trauma vivido después de un largo período de tiempo. Aniversarios, eventos, ciertas situaciones, lugares, música, o una larga lista de situaciones o estímulos, pueden "refrescar" o "resucitar" un trauma vivido en el pasado. Algunos niños reaccionan de manera breve y aún insignificante, mientras que otros niños pueden presentar significantes cambios en la conducta o alteraciones emocionales. Es atractivo y optimista pensar que un evento traumático puede curarse, pero así como a veces una cicatriz que está cerrada puede abrirse otra vez, hay eventos que quedan grabados y latentes en la psique humana y pueden surgir at recibir un estímulo.

A veces, el tratamiento puede ser prolongado y doloroso. Los niños pueden ser tratados utilizando el dibujo, el juego, actuando como si fuera una imaginaria obra teatral, completando oraciones, a través de la escritura y también de la expresión oral. Hay veces que un niño aprende a resolver sus dificultades emocionales, pero aún así es recomendable que confronte estas emociones después de unos años cuando sus habilidades de comprensión y expresión se encuentren mejor desarrolladas. Para obtener mejores resultados psicoterapéuticos es siempre recomendable pedir ayuda profesional lo más pronto después del evento. Siempre es recomendable pedir ayuda profesional si los síntomas de estrés y/o dificultades emocionales no mejoran después de seis semanas.

La psicosis es un trastorno mental grave, el cual se caracteriza por una interpretación errónea de la realidad, un deterioro de la capacidad de pensar, del afecto, de reaccionar emocionalmente, de recordar y/o de comunicar. El origen puede ser tanto orgánico como emocional.

Esta es una condición mental que generalmente no es diagnosticada en niños, los cuales pueden vivir meses y a veces años si ser tratados. El proceso de proveer un diagnóstico correcto es largo y complicado como consecuencia de la complejidad de los síntomas asociados con éste trastorno.

Entre los síntomas asociados con un trastorno psicótico se pueden incluir las alucinaciones, y los delirios trastornos del pensamiento. La alucinación es el síntoma de psicosis más comúnmente observado. Es definida como "una percepción sensorial que parece ser percibida como real, pero que ocurre sin el estímulo del órgano sensorial correspondiente." Las alucinaciones pueden resultar en distorsiones de la percepción sensorial en cualquiera de los cinco sentidos humanos. Las alucinaciones más comunes son la auditora (escuchando sonidos o voces que no existen en la realidad), y visuales (viendo cosas que no existen en la realidad), y en menor grado las alucinaciones táctiles (sienten hormigas u otros insectos), del gusto o del olfato. Como escribí anteriormente, las causas pueden ser orgánicas, aunque a veces son el resultado de los efectos de algunas medicinas o condiciones neurológicas.

El delirio es definido como "una creencia falsa basada en la deducción incorrecta de la realidad externa a pesar de lo que la gente diga o piensa como así también de pruebas evidentes de lo contrario." Hay varios tipos de delirios, los cuales son clasificados de acuerdo a su contenido, variando entre la creencia que una fuerza externa está influyendo sus emociones, estado mental y/o cognitivo, la conducta, la manera de conducirse al creer que es superior a otros o tiene más privilegios, o que otra persona está sexualmente atraído a él/ella. Otras personas tienen delirios de grandeza, creyendo que son personas de una extraordinaria importancia y/o poder, tienen gran influencia, tienen un nivel muy alto de inteligencia, tienen poderes sobrenaturales, o tienen relaciones con personas extremadamente importantes como ser el Papa o la Reina de Inglaterra.

Tanto los delirios como las alucinaciones pueden ser congruentes con el estado emocional de la persona. Por ejemplo, una persona que sufre depresión puede escuchar voces que le piden que se suicide o haga daños a otros responsables de su depresión, pueden expresar que huelen cadáveres. Por otro lado, las personas que se experimentan un estado de ánimo maníaco pueden expresar que poseen poderes sobrenaturales, huelen un perfume floral, o acaban de visitar al Presidente. En el caso que los delirios y las alucinaciones no son congruentes con el estado anímico, existe una discrepancia entre el estado anímico y los síntomas psicóticos. Por ejemplo, una persona que se encuentra extremadamente feliz "porque acabo de hablar con el Santísimo Padre, quien me dijo que mañana probablemente me voy a morir de cáncer."

Es muy común ver a personas en estado psicótico con distorsiones del pensamiento, los cuales pueden variar desde muy difusos, repetitivos, ilógicos, repetitivos o confusos. Además, a veces usan palabras o frases que no tienen ninguna conexión lógica con el contexto general de la oración.

Esquizofrenia

La esquizofrenia es el típico trastorno mental caracterizado por la presencia de alucinaciones y delirios. Además de estos síntomas, las personas que padecen de esquizofrenia pueden experimentar dificultades cognitivas, de la capacidad de tomar decisiones, de poder elegir entre varias opciones, de la voluntad para hacer cosas, o de interpretar la información recibida. La falta de voluntad y los síntomas previamente explicados resultan en una pobre interacción social y funcional en la ejecución de las actividades de todos los días como ser el trabajo, la limpieza corporal, y el estudio, entre otros.

Además de estas dificultades, las personas que demuestran síntomas consistentes con la esquizofrenia, tienen perturbaciones del afecto y también psicomotoras. Entre las perturbaciones del afecto, se pueden encontrar un afecto no apropiado a la situación o el sentimiento, la anhedonia (falta del sentido del placer), y un afecto chato o falta de afecto. Entre los síntomas psicomotores, se pueden incluir manierismos que no son funcionales o normales, hacer muecas, catatonia (movimientos que pueden ser extremadamente rígidos o flácidos), y poses corporales no funcionales. Algunas personas desarrollan catalepsia, manteniendo el cuerpo inmóvil por un extenso período de tiempo.

Hay cinco categorías de esquizofrenia. La más común es la esquizofrenia paranoide, la cual se caracteriza por la excesiva preocupación por uno o más delirios, y consecuentemente puede experimentar una excesiva ansiedad.

Generalmente, la persona que ha sido diagnosticada con esquizofrenia tiene una historia de ser "solitario", o de ser socialmente rechazada o aislado. Además, un niño puede mostrar síntomas de pródromo esquizofrénico, o sea, el comienzo de algunos síntomas que, al llegar a la adultez, son consistentes con la sintomatología diagnosticada en la esquizofrenia. Se ha propuesto incluir, en la quinta edición del DSM, la cual está programada a publicarse en 2013, el término de Pródromo o Síndrome de Riesgo de Psicosis o Psicótico.

Hay elementos que tienen que tomarse en cuenta al diagnosticar un trastorno psicótico en los niños. Por ejemplo, hay que tener cuidado al proveer la diagnosis entre los cinco y los siete años, pues esta es la edad en que muchas veces combinan la realidad con la fantasía. En contraste con los adultos, un niño con esquizofrenia no demuestra una pobreza o irregularidad en su expresión verbal, pero habla a un nivel más bajo de lo que se espera en un niño de su edad cronológica.

La esquizofrenia raramente es vista en niños menores de los diez años, aunque en pocos casos se ha visto en niños de cinco años. Todavía no se comprende el origen de este trastorno, aunque la genética se presenta como uno de los factores de riesgo. Es común ver la esquizofrenia en varias personas del mismo núcleo familiar. Otra teoría se basa en la investigación neurológica, la cual explica el trastorno como el resultado de anormalidades en el desarrollo de distintas partes del cerebro. Por ejemplo, se han encontrado diferencias significativas en partes del cerebro de personas con esquizofrenia cuando son comparados con los cerebros de personas que no han sido diagnosticados con el trastorno. Por último, otra teoría parte de la base de una anormalidad en la transmisión de las hormonas y de los neurotransmisores.

El tratamiento de la esquizofrenia con comienzo durante la infancia incluye la combinación de varios tratamientos psicoterapéuticos. Se recomienda la administración de Medicinas anti psicóticas dado el grado de dificultades tanto en el logro académico como así también en la pobre interacción social. Es primordial educar a la familia y así mismo pedir la cooperación para maximizar la ayuda al niño. Además, es necesario proveer al niño de una educación especializada, pues, como ya hemos visto, los niños con esquizofrenia a menudo presentan dificultades académicas, pueden presentar dificultades en la atención, y además dificultades en la interacción social.

CAPÍTULO NUEVE

Psicología Evolutiva

A continuación, me gustaría escribir un poco sobre la genética, la neurología, y sus influencias en el desarrollo de los distintos aspectos de la psicología humana. La razón es muy simple: de acuerdo a una numerosa cantidad de investigaciones, muchas de las emociones y las conductas están ligadas a la genética y a diferentes partes del cerebro. Por lo tanto, el estudio de la genética y la neurología provee una comprensión más profunda y compleja del origen de las emociones, así como también puede ayudar a explicar porque los seres humanos nos comportamos de ciertas maneras.

Modelos de psicopatología evolutiva

Los seres humanos somos seres vivientes que siempre nos hemos relacionado a otras formas de vida a través del proceso de la evolución. La teoría de la evolución explica como las diversas leyes de la naturaleza influyen en las plantas, los animales y los seres humanos. Esta teoría es importante en el estudio del desarrollo humano pues integra todas las formas de vida, y además, nos ayuda a explicar una variedad de características que nosotros vemos como esenciales. La teoría explica los cambios a través de miles de años, y se concentra en los procesos biológicos durante el crecimiento, y la modificación de las especies como consecuencia de la interacción en los distintos medios ambientes.

La adaptación es el proceso que delinea el cambio evolutivo, o sea, el proceso en el cual las especies cambian para adaptarse a de los diferentes medios ambientes. Esta adaptación puede ocurrir tanto a nivel biológico, como ser en cambios físicos a través de generaciones, como así también en el comportamiento, reflejado en el cambio de formas de conducta.

Los diferentes modelos de la psicopatología evolutiva reflejan los distintos puntos de vista sobre la naturaleza de las emociones y el transcurso normal y/o anormal del crecimiento humano. Un concepto que es importante considerar en la evolución psicológica de una persona, es la creación y la formación de las emociones y las conductas. Siempre ha existido el dilema que trata de explicar si nacemos con las emociones y las conductas naturalmente incorporadas en nuestro tejido genético (**naturaleza**), o si nacemos sin ninguna emoción (tabula rasa) y vamos adquiriendo nuestras emociones y conductas durante la interacción con el medio ambiente (**crianza**). Partiendo de este cuestionamiento, son muchos los modelos presentados por distintos estudiosos de la materia.

De acuerdo a DeCasper y Fife (1980), el recién nacido puede reconocer la voz de la madre, lo cual demuestra que el proceso de aprendizaje empieza antes del nacimiento. En su estudio, sugieren que el feto tiene la habilidad de escuchar en útero a partir del tercer trimestre de gestación. Además, como la voz del padre no es tan audible en útero, el bebé no demuestra ninguna preferencia por ninguna voz masculina después de nacer. El aprendizaje y reconocimiento prenatal de la voz materna lo ayuda a orientarse buscando a la persona con la cual "convivió" durante el embarazo, después del nacimiento.

La habilidad de aprendizaje del feto antes del nacimiento fue investigada por Lecanuet (1989). En una investigación realizada junto a sus colegas, el ritmo cardíaco fue medido en fetos de 36 a 39 semanas, concluyendo que los fetos de esta edad pueden distinguir las notas de bajo tono de un piano. James (2002) investigó si la conducta fetal cambia música a través de un auricular puesto en el abdomen de la madre tres semanas antes del nacimiento. El estudio concluye que el ritmo promedio de la actividad cardíaca fue más alto al escuchar la música y el feto se mantiene más tiempo despierto.

De acuerdo a Klaus Riegel (1978), hay que considerar tres modelos en el desarrollo psicológico del niño: 1) niño pasivo-medio ambiente pasivo, 2) niño pasivo-medio ambiente activo y 3) niño activo-medio ambiente activo. Cuando tanto el niño como el medio ambiente son pasivos, el niño carece de emociones y no hay estímulos del medio ambiente que afectan su conducta, por lo tanto ninguna de las dos partes es influenciada. Desde el punto de vista psicológico, este es un modelo de poco interés, pues hay una mínima interacción entre las partes. En el modelo de niño pasivo-medio ambiente activo, el medio ambiente influencia al niño a través de castigos o recompensas. Los modos en que el niño cambia su conducta son dependientes de la influencia recibida del medio ambiente.

Un ejemplo de este modelo es representado por B. F. Skinner, creador del modelo de condicionamiento operante. En psicología, la teoría del condicionamiento operante explica la manera en que la conducta (la manera en que la persona aprende) es contingente al estímulo del medio ambiente. La teoría del condicionamiento operante implica conductas que *operan* de acuerdo al estímulo recibido del medio ambiente medio. El tercer modelo es aquel en el cual el niño es activo y el medio ambiente es pasivo. Se caracteriza con el niño activamente construyendo y formando su mundo. De acuerdo a los lingüistas Lennenberg (1967) y Chomsky (1965), los niños construyen su lenguaje de acuerdo con el medio ambiente en el cual se encuentra.

Otro modelo se basa en la noción que las cualidades personales del niño, o la situación del niño en un momento determinado del tiempo, podrán predecir las cualidades personales y la situación del niño en cualquier otro momento del futuro. Este modelo se centraliza en las cualidades intrínsecas del niño que interactúan pero no se dejan influenciar por el medio ambiente. Es más, según esta teoría, los niños tienen numerosas cualidades que constantemente interactúan con el medio ambiente, pero no cambian como consecuencia de esta actividad. Este modelo es explicado en numerosas investigaciones de la genética y el origen de la enfermedad mental, es muy atractivo por su simplicidad, pero al mismo tiempo ha creado muchos cuestionamientos. El cuestionamiento más común de esta teoría sugiere que no todas las personas que muestran ciertas cualidades en un momento determinado de la vida mostrarán las mismas cualidades en un futuro. Otro cuestionamiento sostiene que siempre y cuando el medio ambiente sea estable, la conducta del niño será estable, pero si el medio ambiente es inestable, la conducta del niño también será inestable.

En contraste, el modelo ambiental sostiene que hay diversos factores en el medio ambiente que influencian en el desarrollo humano. Aunque es difícil evaluar el impacto del medio ambiente en la persona en un momento determinado o en distintos momentos de la vida de una persona, es indiscutible que el ser humano experimenta ajustes y trata de adaptarse al medio ambiente. Lewis (1997) sostiene que, así como el medio ambiente cambia, la persona también cambia.

Como podemos observar, existe una extensa cantidad de investigación académica. De todos modos, sería probablemente apropiado llegar a la conclusión que la vida de los seres humanos está influenciada por el medio ambiente, así como los seres humanos influyen el medio ambiente en el cual viven. Ya sea a través de la evolución de la interacción del niño con sus padres, de la personalidad, de sus sentimientos, de su interacción con las diferentes personas a su alrededor, etc., es indiscutible que existe un constante "dar y tomar", en que tanto el medio ambiente como el niño interactúan y se influyen mutuamente.

El origen de la psicopatología.

En una escena de la película Titanic, se ve a la anciana Rose, la heroína y principal personaje femenino de la película, mirando al mar mientras tiene en sus manos la piedra preciosa de color azul y forma de corazón a la que llama "El corazón del mar". Antes de tirarla al mar, ella dice "El corazón es un profundo mar en el cual conviven una infinita cantidad de sentimientos." A mí me gusta decir que el cerebro es un profundo mar en el cual se encuentran depositados un sinfín de sentimientos, emociones, valores y experiencias.

El cerebro es un complejo sistema con diversas partes que se interconectan. Las estructuras que se encuentran en su base incluyen los circuitos del tronco cerebral que funcionan como mediadores de los flujos de energía, como ser el estado de alerta, la temperatura del cuerpo, el ritmo cardíaco y la respiración. El tálamo se encuentra encima del tronco cerebral, y recibe una gran cantidad de información proveniente de los sentidos, la cual retransmite a distintas regiones del cerebro, incluyendo el neocortex. Esta actividad tálamo-cortical es primordial para el desarrollo de la mediación cognitiva.

Las estructuras cerebrales en las zonas cerebrales superiores están encargadas de la mediación de información más compleja, como ser las representaciones abstractas y perceptuales. Se estima que el cerebro tiene aproximadamente cien mil millones de neuronas, que si se las pone una al lado de la otra tienen el largo de tres millones doscientos mil kilómetros.

Al nacer, el cerebro es el órgano más grande del cuerpo. Los genes y las experiencias vividas inmediatamente después del nacimiento, empiezan a "moldear" el modo en que los diferentes circuitos comienzan a interconectarse y especializarse, creando los diferentes procesos mentales, e influyendo de manera impactante en el desarrollo mental.

A medida que la persona crece, las experiencias interpersonales vividas continúan influenciando en el desarrollo físico y emocional, y estos procesos se centralizan especialmente en las estructuras cerebrales responsables de la autorregulación.

A través del transcurro de nuestra vida, el cerebro, a través de la constante interacción de sus distintas partes y al mismo tiempo la interacción con el medio ambiente, va "esculpiendo" nuestro tejido sentimental, nuestra personalidad, nuestros valores, la manera en que la persona enfrenta los estímulos recibidos del medio ambiente, así como también interpretar los mensajes que nos mandan los genes durante esta interacción. Repito: el proceso funciona a múltiples niveles, y la interacciones entre los distintos elementos y procesos es continua y aumenta cumulativamente.

Los primeros años de vida son cruciales en el desarrollo emocional, cognitivo y social, pues en ellos se establece la base desde la cual crecemos en el transcurro de nuestra vida. Cuando este proceso es deficiente, el resultado puede crear conductas o sentimientos que no son sanos, apropiados o funcionales, derivando en una mala adaptación de la persona en las diferentes etapas de la vida.

A continuación, me gustaría explicar breve y básicamente algunos conceptos relacionados a la biología de los trastornos mentales. Al estudiar y evaluar el desarrollo psicológico del niño, son cuatro los métodos de análisis de un síndrome: la epidemiología, el comportamiento y genética molecular, la neurobiología y la neuropsicología, cada una de estas ciencias es necesaria para una comprensión científica del origen y el desarrollo de la psicopatología. Cada método estudia diferentes aspectos de la creación y evolución de la psicopatología, las cuales están interrelacionadas y se analizan separada y conjuntamente para obtener una comprensión integral.

La epidemiología es la disciplina científica que estudia el desarrollo de enfermedades, la distribución, la frecuencia, los determinantes, las relaciones, las predicciones y el control de los factores relacionados con la salud y enfermedad en poblaciones humanas. Desde el punto de vista de la epidemiología, la pregunta es ¿qué está pasando con ésta persona y como ha llegado a tener esta condición (o enfermedad)? Siempre existe la posibilidad que la persona sea propensa a tener una condición simplemente por ser existente en su grupo familiar. También existe la posibilidad que la condición sea creada en una interacción no saludable entre la persona y el medio ambiente (¿se acuerdan de naturaleza-crianza?). La epidemiología provee métodos para obtener información sobre la prevalencia, las condiciones mentales que generalmente se pueden asociar con la condición, y los cursos de los diferentes síntomas y síndromes. Por lo tanto, el objetivo de la epidemiología es esencialmente un conocimiento exhaustivo de la evolución de la psicopatología.

En el caso de la psicopatología, la "enfermedad" es simplemente la incapacidad de lograr uno o varios objetivos de desarrollo apropiados y funcionales. En cuanto a la causa, la psicopatología del desarrollo dependerá de la etapa de desarrollo del individuo.

El primer objetivo de la epidemiología es proporcionar una imagen precisa de la historia natural de la psicopatología del desarrollo y, por lo tanto, los estudios longitudinales son imprescindibles. Otros requisitos metodológicos básicos de un estudio epidemiológico incluyen: 1) obtener una muestra de población midiendo la frecuencia de un trastorno, 2) evitar las influencias que pueden llevar a una conclusión errónea, 3) separar la información o factores que pueden conducir a una conclusión incorrecta de los causantes de una condición y confirmar los causantes de una condición, y 4) evaluar las relaciones entre ellos. En la psicología evolutiva, existe una continuidad en el desarrollo psicológico de la persona a través de las distintas edades. Además de estudiar la continuidad en general, también se estudia la evolución de cualquier tipo de trastorno que la persona esté sufriendo.

Los estudios genéticos son extremadamente importantes para la comprensión de las causas de los trastornos en la psicopatología del desarrollo, porque hay influencias genéticas en prácticamente todas las psicopatologías, y porque no se puede estudiar adecuadamente las influencias del medio ambiente sin tomar en cuenta la posibilidad de una influencia genética.

Aunque existe una larga historia de controversia acerca de la influencia genética en el comportamiento humano, la convergencia de los resultados a través de estudios ha aportado pruebas convincentes que existe una influencia genética moderada en la mayoría de las dimensiones de comportamiento. La conducta es el producto emergente de un complejo proceso en el cuál tanto los genes como el medio ambiente contribuyen. Los genes no se limitan a influenciar y ser activos únicamente durante el comienzo de la evolución de la persona dejando luego al medio ambiente a cargo, sino que los genes se activan y desactivan durante toda la vida.

La expresión genética es constantemente influenciada por el medio ambiente, incluyendo el entorno social. Las influencias genéticas y ambientales son partes de un proceso de desarrollo y sus impactos en el resultado emocional y de la conducta de la persona dependerán de su naturaleza y la interacción con todos los componentes de ese proceso. Los genes son simplemente códigos de la estructura de proteínas, y las variaciones en la estructura de una proteína determinada, en interacción con el proceso de desarrollo, puede definir la manera en que se comporta la persona.

El gen es una secuencia organizada de nucleótidos en la molécula de un ácido desoxirribonucleico (ADN), el cual contiene la información necesaria para la síntesis de una macromolécula con función celular específica, normalmente de las proteínas. Las proteínas son aminoácidos que se pliegan en estructuras complejas que permiten realizar funciones específicas en las células, incluyendo el metabolismo celular, la expresión genética, y la comunicación intracelular. Las dos últimas funciones son particularmente importantes en el desarrollo de microorganismos.

Prácticamente todas las células en un organismo contienen una copia de su ADN completo, llamado genoma. Algunas de las enfermedades neuropsiquiátricas implican mutaciones en el ADN mitocondrial: la transmisión de estas enfermedades será exclusivamente por línea materna, porque todo el ADN mitocondrial proviene de la madre. El genoma humano está formado por 23 pares de cromosomas, uno de los dos cromosomas sexuales (XX en las mujeres y XY en los hombres), los otros 22 pares se llaman "autosomas". El niño no es una copia genética exacta de cualquiera de los padres, sino más bien un híbrido, como si partes diferentes de cada par de cromosomas es heredado de cada uno de los padres.

Un segundo medio de aumentar la diversidad genética en la descendencia es proporcionada por el mecanismo de recombinación, o sea, un individuo puede heredar una copia exacta de uno de los cromosomas de los padres o un híbrido o mezcla de las partes de cada par de cromosomas heredados de los padres. La recombinación tiene lugar en el proceso de producción de esperma y el óvulo (llamado meiosis), el cual puede incrementar la diversidad genética.

El genotipo es la totalidad de la información genética que posee un organismo particular en forma de ADN. Junto con la influencia ambiental, el genotipo codifica su fenotipo, que es un conjunto de rasgos de un determinado organismo. Es importante comprender que los genotipos ejercen una influencia causal sobre los fenotipos, pero los fenotipos no cambian genotipos, excepto en la inusual situación en la que el fenotipo conduce a una mutación, como por ejemplo a través de la exposición a las radiaciones ionizantes. El genoma puede influir en el comportamiento, pero la conducta no puede influir en el genoma (aunque el comportamiento puede influir en la expresión de genes). Por lo tanto, los estudios genéticos, a diferencia de otros estudios experimentales del comportamiento humano, estudian relaciones causales, y no sólo las correlaciones.

Se puede organizar el análisis genético de cualquier rasgo o fenotipo preguntando cuatro preguntas consecutivas: 1)

¿Es el rasgo común o existente en la familia?, 2) Si es así, es la familiaridad debida en parte a las influencias genéticas?, 3) Si es así, ¿cuál es el mecanismo de la transmisión genética?, y 4) ¿Cuál es la ubicación real del gen o los genes involucrados? Los principales métodos usados en encontrar las respuestas a cada una de las preguntas son: 1) estudios de la familia, 2) los estudios de adopción, 3) el análisis de la segregación, y 4) el análisis de ligamiento y de asociación. Los estudios familiares también pueden ser muy útiles para el estudio de la asociación de dos (o más) diagnósticos de algún (os) trastorno (s) existentes en una familia. En estos casos, se pueden investigar las influencias familiares y la relación entre dos trastornos, por lo general con origen en los genes transmitidos por los padres.

Dos métodos son usados en el estudio de la influencia de la transmisión genética en la conducta y los trastornos psicológicos. El primero de los métodos es el estudio de seres humanos que son gemelos (niños nacidos del mismo óvulo [monocigóticos] y espermatozoide) o mellizos (ya sean dicigóticos, en los cuales la fecundación de dos óvulos es de manera más o menos simultánea por dos espermatozoides distintos). El segundo es el método es aquel en el que se estudian niños que son adoptados.

Los estudios de gemelos permiten estudiar influencias genéticas y distinguirlas de los efectos ambientales, pues el tejido genético es idéntico al provenir del mismo óvulo y espermatozoide. Los estudios en gemelos permiten estudiar las influencias genéticas pues distingue el efecto del tejido genético separadamente de los efectos ambientales. Los niños mellizos comparten la mitad de sus genes, ya que cada uno de ellos proviene de un óvulo distinto.

El método de estudio de niños adoptados descalifica las influencias genéticas y ambientales en el desarrollo, porque los padres adoptivos proporcionan la crianza pero no están relacionados genéticamente con el niño. Los padres biológicos proporcionan los genes y la crianza, mientras que los padres adoptivos pueden solamente proporcionar la crianza.

El estudio de los gemelos es de particular importancia para los estudios de la genética de la psicopatología, mientras que el estudio de niños adoptivos es de particular importancia para el análisis de las variaciones extremas en el comportamiento, las cuáles pueden ser evaluadas como categorías. Los métodos de estudios de los casos de niños gemelos y de niños adoptados se pueden generalizar en un método estadístico multivariante con el fin de examinar las relaciones genéticas y ambientales entre los dos grupos y los trastornos que se presentan. Por ejemplo, supongamos que queremos poner a prueba el origen o la etiología de los trastornos que se pueden presentar conjuntamente en los diagnósticos de ansiedad y depresión. Podríamos seleccionar un grupo de pares de niños gemelos (monocigóticos) y otra de mellizos (dicigóticos). Una significativa diferencia en los resultados obtenidos en niños monocigóticos cuando son comparados con pares dicigóticos apoyaría la hipótesis de la influencia genética en la relación entre la ansiedad y la depresión.

Una pregunta que usualmente se investiga es "qué proporción de la superposición fenotípica se debe a los genes compartidos o a los efectos ambientales". Otra pregunta es "¿en qué proporción de la totalidad de los genes, o en qué manera los genes que actúan en ambos fenotipos son compartidos?".

Como hemos visto anteriormente, los mellizos comparten aproximadamente la mitad de los genes. Pero, aún así, puede existir una variación en el porcentaje del material genético existente entre ellos. Dado que cada uno de los mellizos recibe la mitad del genoma de cada uno de los padres como resultado de los mecanismos de la meiosis, algunos de estos pares de hermanos realmente pueden ser más parecidos a los gemelos y ser genéticamente más parecido a los gemelos idénticos, mientras que otros pueden ser más parecidos a dos individuos que están de alguna manera relacionados genéticamente.

La neurología es otra ciencia que analiza el desarrollo de la psicopatología. Prácticamente todas las influencias en la psicopatología evolutiva, tanto genéticas como ambientales, actúan a través de cambios en el desarrollo cerebral. Sin embargo, recién estamos comenzando a comprender las alteraciones en el desarrollo cerebral que crean las psicopatologías durante el crecimiento humano. Con frecuencia, se analiza el desarrollo del cerebro y de las psicopatologías como dos procesos separados. La estructura básica del cerebro humano está programada genéticamente, y los genes actúan sobre todo durante el desarrollo prenatal para establecer esta estructura básica, y posteriormente, el medio ambiente influye en el desarrollo postnatal.

Hay investigadores que aseguran que el dilema naturaleza-crianza "es uno o el otro." El problema con esta hipótesis es que 1) los genes y el ambiente trabajan conjuntamente durante la evolución psicológica de la persona, 2) la estructura básica del cerebro no parece únicamente estar genéticamente programada, y, lo más importante, 3) la teoría de evolución psicológica de la persona es limitada innecesariamente al crecimiento físico. La evolución psicológica de la persona es un problema central para la biología y la psicología moderna, y sería muy raro si las diferentes ciencias de desarrollo no tengan nada que ver entre ellas.

¿Qué hemos aprendido acerca de los genes, el medio ambiente y los modos en que ellos alteran o influyen en el desarrollo del cerebro y del comportamiento humano? Hay tres grandes efectos genéticos en el desarrollo del cerebro: 1) el tamaño del cerebro, alterando el número de neuronas o sinapsis, 2) la manera en que las neuronas se interconectan, a veces de un modo específico a nivel regional y 3) en la neurotransmisión, ya sea cambiando los niveles del neurotransmisor, o las propiedades de unión de las proteínas del receptor.

Los métodos que se utilizan para estudiar los mecanismos psicopatológicos cerebrales se pueden dividir en aquellos que se centran en las lesiones, la neuroquímica, y el estudio de imágenes neurológicas. Los tres métodos se pueden observar tanto en animales como en los seres humanos.

En los estudios de lesiones del cerebro, se examinan los cambios en el comportamiento después que una determinada parte del cerebro se daña o es eliminada, estos cambios se observan en general después de la recuperación de los efectos agudos de la lesión. El cerebro es un órgano dinámico altamente interactivo, y el daño a una parte va a afectar en las interacciones de todas las demás partes. Una parte específica del cerebro es necesaria para una determinada función, pero no siempre es suficiente para la completa realización de esa función.

Los estudios neuroquímicos estudian los modos en que los niveles de un neurotransmisor influyen en el comportamiento de la persona. Para que el sistema nervioso funcione, debe haber comunicación entre las células (neuronas) dentro del sistema nervioso central, y entre el sistema nervioso y el resto del cuerpo (por ejemplo, entre un nervio periférico y una fibra muscular). Esta comunicación se realiza por medio de mensajeros químicos (neurotransmisores) que son liberados por las células y se unen a los receptores de otra célula. La neurotransmisión rápida y precisa, requerida por las redes formadas por las neuronas para procesar la información, se lleva a cabo a través de un proceso de neurotransmisores que actúan en la excitación (principalmente glutamato, sino también aspartato) o como inhibidores (principalmente GABA, pero también glicina). Cada uno de estos neurotransmisores es un aminoácido. Debido a las grandes fluctuaciones de los niveles de los neurotransmisores y neuroquímicos que se producen tanto en el cerebro como en el resto del cuerpo, medir los niveles de neurotransmisores en las diferentes psicopatologías ha sido difícil.

Al considerar los efectos de los neurotransmisores, es importante tener presente el concepto de homeostasis. Para el funcionamiento apropiado de la conducta o de las emociones, es necesario un nivel de neurotransmisores determinado, el cual es definido como homeostasis. Cuando existe una falta de balance en la cantidad o la acción de los neurotransmisores, se crea una falta de balance la cual puede crear distintos tipos de psicopatologías o conductas que no son funcionales. Por ejemplo, el trastorno de déficit de atención e hiperactividad (TDAH), la depresión y la esquizofrenia, entre otros, son trastornos en los cuales es sabido que existe un nivel alto o bajo de ciertos neurotransmisores. Es por eso que a veces es necesario el uso de medicinas para lograr que los neurotransmisores tengan un nivel de funcionamiento más balanceado.

La imagen neurológica (neuroimagen) mide la estructura y las maneras en que el cerebro funciona. Con excepción de la electroencefalografía, la neuroimagen es relativamente un sistema nuevo de evaluación del cerebro el cual su uso ha aumentado de manera significativa la capacidad de estudiar las relaciones entre el cerebro y el comportamiento humano. El principal método actual de imagen estructural es la resonancia magnética (MRI), mientras que la neuroimagen funcional mide la actividad cerebral durante la realización de una tarea, ya sea registro de la actividad eléctrica del cerebro (por medio de la electroencefalografía, o EEG), los campos magnéticos generados por esa actividad (por medio de la magnetoencefalografía o MEG), o midiendo el flujo de sangre, glucosa u oxígeno, que están estrechamente correlacionados con la actividad neuronal en una región particular del cerebro (tomografía por emisión de positrones PET y resonancia magnética funcional de imágenes de resonancia magnética funcional).

El último nivel de análisis se refiere a la neuropsicología, que es la ciencia que estudia la identificación de déficits funcionales que explican los síntomas que definen la psicopatología, y además explica los déficits funcionales de los mecanismos en el cerebro. La neuropsicología estudia los procesos cognitivos que seleccionan la acción a tomar, la atención o la memoria, pero también incluye los procesos no cognitivos, tales como la regulación del humor o la empatía. Por lo tanto el dominio de la neuropsicología sigue creciendo a medida que aprendemos más sobre las funciones específicas cerebrales de la especie humana.

Como dije anteriormente, distintas partes del cerebro cumplen diversas acciones e influyen a otras partes cerebrales para, entre otras cosas, completar acciones o procesos, interpretar las emociones, analizar la realidad, etc. A continuación, veremos muy brevemente las distintas partes del cerebro y sus respectivas funciones. Pienso que un breve conocimiento ayuda a explicar porqué a veces la gente se conduce o comporta de determinada manera.

Luria (1966) divide el sistema nervioso central humano en tres sistemas funcionales: 1) el sistema de excitación y motivación, cuyos componentes están localizados en las zonas cortical, límbica y el tronco cerebral, 2) el sistema de percepción y la memoria, que consiste principalmente en la corteza cerebral posterior y la formación del hipocampo, y 3) el sistema de selección de la acción, que está localizado principalmente en las áreas frontal o neocortical, los ganglios basales y partes del tálamo (este modelo es una simplificación). De estos tres sistemas, los dos más importantes para el desarrollo de la psicopatología son los de excitación y de motivación, y la acción del sistema de selección.

La psicopatología se define tradicionalmente como trastornos del estado de ánimo, conducta y pensamiento. Como veremos, la selección de la acción y la selección de pensamiento están íntimamente relacionados. Los trastornos de la selección de acción incluyen el trastorno de déficit de atención e hiperactividad (TDAH), el trastorno de conducta, el síndrome de Tourette, el trastorno obsesivo-compulsivo, la esquizofrenia, y posiblemente el autismo. Los trastornos de la excitación y la motivación incluyen la depresión y la distimia, el trastorno bipolar, trastornos de ansiedad y el trastorno de estrés postraumático. Los trastornos del autismo y la esquizofrenia no encajan perfectamente en la categoría de selección de la acción, ya que cada uno incluye alteraciones en las tres áreas de la función: la motivación, la selección de la acción, y la percepción y la memoria. Los trastornos de la percepción y la memoria incluyen síndromes de retraso mental y trastornos del desarrollo del lenguaje, como la dislexia, que no siempre son considerados como psicopatologías, pero pueden influir en el desarrollo del estado de ánimo, la conducta y el pensamiento.

Cuando se estudia la psicopatología, se analizan las principales estructuras corticales y subcorticales, es decir, aquellas que se encargan de la motivación y los sistemas de acción de selección. La corteza orbitofrontal, la amígdala, el hipotálamo y la hipófisis son estructuras importantes en el sistema de motivación. La corteza prefrontal (dorsolateral, orbital y medial), los ganglios basales (que incluyen el núcleo caudado, putamen y globo pálido), y el tálamo son estructuras importantes en el sistema de selección de acciones. Las estructuras que median entre la motivación y la acción de los sistemas de selección incluyen la corteza orbitofrontal, que es parte de ambos sistemas, y el giro cingulado, que desempeña un papel en las emociones.

Las tareas de adaptación de cualquier conducta se lleva a cabo en el sistema de motivación, las cuales permiten 1) definir los objetivos y valores, 2) influir en la percepción y selección de una acción, 3) seleccionar y ajustar el estado de la motivación, y 4) ayudar a la adaptación a medida que las circunstancias del medio ambiente van cambiando. En otras palabras, el sistema de motivación debe interactuar con el sistema de selección de acciones para permitir la rápida selección de las acciones de adaptación y respuestas flexibles a los contextos del medio ambiente que constantemente cambian.

De acuerdo a Pennington (2002), el sistema de motivación en el cerebro de los primates puede considerarse como un conjunto de niveles o capas, algo así como una cebolla. Pennington considera tres niveles en el funcionamiento del sistema de la motivación: el tronco cerebral, el sistema límbico y la corteza cerebral. En el nivel inferior, los núcleos envían proyecciones difusas a niveles superiores y moduladores de liberación de los neurotransmisores. Así, el locus coeruleus libera el neurotransmisor norepinefrina, el área tegmental ventral y la substancia negra liberan la dopamina, y los núcleos de Rafé liberan el neurotransmisor serotonim. Estos neurotransmisores influyen en el resto del cerebro en el proceso de adaptación al recibir los estímulos del medio ambiente. En los dos niveles superiores, las estructuras modifican y administran respuestas automáticas de motivación. En el nivel superior, la corteza orbitofrontal se especializa en la rápida interpretación y selección de esfuerzos para tomar acciones ante los cambios de contexto. EN RESUMEN: hay estados motivacionales prácticamente innatos, los cuales son mediados por el nivel más bajo del sistema localizado en el tronco cerebral. Este núcleo de motivación es amplificado por el aprendizaje emocional, mediado en parte por la amígdala cerebral. El aprendizaje de la motivación en la amígdala cerebral es rápido e importante para la supervivencia.

Pasando ahora a los núcleos del tronco cerebral, tanto el monoamino oxidasa (derivado de un aminoácido), los neurotransmisores norepinefrina y serotonim, y la dopamina son de particular importancia para evaluar los trastornos de la regulación afectiva (¿se acuerdan del concepto de homeostásis?). Cada uno de estos neurotransmisores es liberado por los axones de diferentes núcleos del tronco cerebral, y estos axones se proyectan ampliamente a todo el cerebro. El hecho que tanto la noradrenalina y el serotonim, son, en asociación con algunas estructuras cerebrales, productores de la sinapsis de las neuronas también en la amígdala y el hipotálamo, es de gran relevancia para la comprensión de los trastornos de la regulación del afecto. Por lo tanto, la manipulación de los niveles de norepinefrina y serotonim (por medio de drogas o la dieta) puede balancear el funcionamiento de estas dos estructuras que juegan un papel central en la regulación de las emociones.

En el nivel límbico hay tres estructuras: la amígdala cerebral, el hipotálamo, y el núcleo accumbens. A través de la amígdala cerebral pasan la mayoría de los estímulos sensoriales creando respuestas rápidamente, y sin esperar un procesamiento cortical. La amígdala cerebral coordina las respuestas emocionales, ya que regula el sistema nervioso autónomo, en parte, a través de las conexiones con el hipotálamo. Al mismo tiempo, la amígdala cerebral envía proyecciones a todas las áreas de la corteza, proveyendo una influencia emocional en el procesamiento cortical.

El papel de la amígdala cerebral en las emociones de tinte negativo ha sido ampliamente estudiado, y se puede demostrar claramente creando un condicionamiento clásico de una respuesta de miedo (incluyendo una respuesta autónoma) a un estímulo previamente neutro. El condicionamiento del miedo puede ocurrir rápidamente y tiene una relevancia obvia para el desarrollo de síntomas de ansiedad, tales como las observadas en las fobias específicas, y trastorno de estrés postraumático. La respuesta de miedo condicionado puede ser extinguido. Animales o seres humanos sin una amígdala cerebral no pueden sentir una sensación de miedo condicionado, pero aún así puede generar una respuesta de miedo autonóma de eventos adversos. La extinción de una respuesta de miedo condicionado depende de la inhibición cortical más que el debilitamiento de las conexiones sinápticas dentro de la propia amígdala cerebral. Por lo tanto, disminuyendo la inhibición cortical podría causar resurgimiento de las respuestas de miedo condicionado, un mecanismo que podría ayudar a explicar algunos aspectos de los trastornos de ansiedad.

El hipotálamo ayuda a coordinar una rápida expresión de los estados emocionales y motivacionales, y proporciona un vínculo clave entre el cerebro y el cuerpo. La estimulación eléctrica del hipotálamo lateral produce variados comportamientos relacionados con el sexo, la sed y el hambre y la regulación de la temperatura. El hipotálamo regula el sistema nervioso simpático a través del eje hipotálamo-pituitario-adrenal y el simpático adrenérgico y el eje adreno-medular, los cuales son cruciales para el sistema de respuesta al estrés, y el cuál es importante para comprender los síntomas del estado de ánimo y los trastornos de la ansiedad.

Mientras que la amígdala cerebral principalmente controla el afecto de tinte negativo, el núcleo accumbens y la estructura límbica en tercer lugar, están involucrados en el afecto de tinte positivo la acción de enfoque mental. Se encuentra justo por debajo de la corteza prefrontal, y en ocasiones se considera parte del estriado ventral, es decir, la parte límbica de los ganglios basales. Esta parte límbica, encargada del funcionamiento del afecto, recibe la entrada de neurotransmisores dopaminérgicos del área tegmental ventral, y también tiene estrechas conexiones con la corteza prefrontal. Es una estructura importante en la neurobiología de la adicción y también podría desempeñar un papel en otras psicopatologías que implican la búsqueda de recompensa excesiva (por ejemplo, la manía y el TDAH).

El área cortical cerebral, la amígdala cerebral y otras regiones del sistema límbico interactúan de manera íntima con la corteza orbitofrontal, que es una parte de la corteza prefrontal. Varias partes de la corteza prefrontal preservan diferentes tipos de información en la memoria activa o de trabajo para guiar la selección de acciones, así como la información necesaria en la reciprocidad con otras partes de la corteza y el sistema límbico. Por lo tanto, la corteza prefrontal dorsolateral mantiene la información espacial en la memoria de trabajo a través de sus conexiones con la corteza parietal.

En resumen, lo importante para recordar es:

1) La importancia de la genética en el estudio de la psicopatología.
2) La importancia de la interacción de los genes y el medio ambiente, y su función en la creación de la psicopatología cuando la interacción no es funcional.
3) Distintas partes del cerebro producen o están a cargo de distintas emociones y procesos cognitivos.
4) Distintos tipos de neuronas transmiten diferentes hormonas. Cada hormona tiene un papel en el funcionamiento de las emociones y la conducta, y una psicopatología puede crearse cuando existe un nivel bajo o alto del neurotransmisor, por lo cual es necesario proveer medicamentos para mantener a un nivel emocional o una conducta apropiados.

CONCLUSION

Tener y criar niños es una compleja e intensa tarea. En el mundo de hoy, tener buenas intenciones no es suficiente, dada la creciente complejidad de lo que nos rodea, el incremento de las demandas sociales y económicas, los nuevos desafíos del medio ambiente y además los cambios tecnológicos que influyen en diversos aspectos de nuestra vida, como ser el trabajo y la educación.

La tarea más importante de los padres y los profesionales que trabajan con los niños es prepararlos intelectual, física y emocionalmente para que puedan afrontar todos los desafíos que se les presentan en el transcurso de sus vidas de manera positiva, funcional y creativa. Esto es sólo posible cuando se le provee una sólida estabilidad emocional, un buen cuidado médico y una sólida educación.

Amar a los niños de manera estable y consistente es el acto más importante, lo cual les proveen seguridad, estabilidad, les enseña a amar a otros, a relacionarse socialmente con la gente, y a tener una buena estima propia. El amor y el afecto les proveen el sentido de la confianza. Aún así, hay otros elementos que son cruciales en el desarrollo infantil.

La provisión de límites en la conducta, opciones en el momento de tomar decisiones, como así también enseñarles valores morales, todas estas son tareas que son de gran importancia en el proceso de formación de la persona, y son también considerados como parte del proceso de ser padres.

El proceso de ser padres comienza en el momento en que se toma la decisión de tener un hijo. Es muy importante, en este momento, empezar a educarse para maximizar la posibilidad de un embarazo sano y un niño sano. La posibilidad de algún problema de índole genética, médica y/o ambiental, debe ser examinada para tomar las provisiones necesarias para la prevención y/o tratamiento.

Al considerar el desarrollo del niño, es muy importante tener siempre presente los siguientes conceptos:

- Responda inmediatamente y de manera consistente a los llamados de su niño, ya sea a través de mostrarse estresado o el llorar.
- Trate de jugar de manera consistente con su hijo, lo cual lo estimula cognitivamente, le ayuda a desarrollar relaciones sociales, le ayuda a incrementar sus habilidades motoras, y además le ayuda a profundizar su relación de apego.
- Trate de proveerle contacto físico, lo cual ayudará a su hijo a sentirse más seguro y dormir mejor.

Evite

- Tiene que evitar que su cansancio y/o frustraciones sean reflejados en su niño respondiendo con enojo o rabia cuando llora.
- Presumir que su hijo no necesita su atención pues sabe entretenerse solo.
- Enojarse cuando, alrededor de los ocho meses, el niño se le apega y evita relacionarse a otras personas. Ésta es una conducta normal en la cual le demuestra su confianza y su seguridad en su relación con Ud.

En el caso de tener alguna duda o preocupación sobre el desarrollo motor, intelectual, emocional o médico de su hijo, siempre es beneficioso consultar con los profesionales de su confianza. Los padres están "emocionalmente invertidos" en sus hijos, y a veces tienden a caer en el conformismo, convenciéndose que "ya va a pasar", "está solamente pasando una mala etapa", o "todos tenemos nuestras subidas o bajadas".

Así como las radiografías, los exámenes de ultrasonido o atómicos y los análisis de sangre pueden proveer resultados que pueden aclarar una dificultad médica, los exámenes psicológicos son instrumentos esenciales para poder medir, de manera científica, el funcionamiento del niño, ya sea en el funcionamiento emocional, motor, de adaptación, intelectual y educativo. Los resultados de los exámenes le ayudan a comprender el funcionamiento del niño en comparación con un amplio grupo de niños de la misma edad y/o nivel académico. A veces se completan conjuntamente varios exámenes y se los compara para analizar las influencias mutuas de los distintos aspectos del funcionamiento del niño.

Desgraciadamente, la mayoría de los seguros médicos no pagan los exámenes psicológicos, los cuales son caros por la cantidad de tiempo necesario para completarlos. Aún así, siempre va a poder encontrar profesionales que estarán dispuestos a negociar una tarifa conveniente o un plan de pagos. Otra posibilidad puede ser llamar a una universidad, en que generalmente los estudiantes, bajo la supervisión de profesionales licenciados, pueden administrar los distintos exámenes más económicamente.

Numerosas madres me han dicho que un profesional les dijo que "le parece" que el hijo puede tener "este" trastorno o "este" trastorno. Nunca deje que nadie le diga "me parece". Su niño merece mejor servicio. Únicamente acepte un comentario de un profesional que diga "si su hijo demuestra éstas conductas o dificultades académicas o emocionales, hay que evaluarlas."

He escrito este libro con la intención de proveer conocimientos básicos sobre el desarrollo emocional, motor, intelectual y conductual de los niños, y con el propósito de capacitar y transmitirles mínimos conceptos que pueden ayudar a los padres y los profesionales que trabajan con ellos. Espero que leer éste libro haya sido de su interés, como así también haya encontrado información que le resulte útil.

REFERENCIAS

Austin, M.P., Hadzi-Pavlovic, D., Leader, L., Saint, K. & Parker, G. (2005). Maternal trait anxiety, depression and life event stress in pregnancy: relationships with infant temperament. *Early Human Development*, 81, 183-90.

Bertenthal, B.I. & Clifton, R.K. (1998). Perception and action. In W. Damon, D. Kuhn, & R.S. Siegler (Eds.), *Handbook of child psychology*: Vol.2. *Cognition, perception, and language* (5th ed., pp. 51-102). New York: Wiley.

Borowski, K., & Niebyl, J.R. (2008). Drugs in pregnancy. In J. Studd, S.L. Tan, & F.A. Cherenak (Eds), *Progress in obstetrics and gynecology.* London: Elsevier.

Bronfenbrenner, U. The ecology of human development: Experiments by nature and design. Cambridge, MA: Harvard University Press.

Brown, T. A., Chorpita, B.F., & Barlow, D.H. (1998). Structural relations among domensions of the DSM-IV anxiety and mood disorders and dimensions of negative affect, positive affect, and autonomic arousal. *Journal of Abnormal Psychology*, 107, 179-192.

Cassidy, J. (1999). The nature of the child's ties. In J. Cassidy & P.R. Shaver (Eds.), *Handbook of attachment: Theory, research, and clinical applications* (pp. 3-20). New York: Guilford Press.

Chomsky, N. (ED). (1965) *Aspects of the theory of syntax*. Cambridge, MA: MIT Press.

Chu, S.Y., Callaghan, W.M., Bish, C.L., & D'Angelo, D. (2009). Gestational weight gain by body mass index among U.S. women delivering live births, 2004-2005: Fueling future obesity. *American journal of Obstetrics and Gynecology, 200,* e1-e7.

Clark, L.A., & Watson,D. (1991). Tripartite model of anxiety and depression: Psychometric evidence and taxonomic implications. *Journal of Abnormal Psychology,* 100, 316-336.

Cnattingius S, Signorello LB, Annerén G, Clausson B, Ekbom A, Ljunger E, Blot WJ, McLaughlin JK, Petersson G, Rane A, Granath F.(2000). Caffeine intake and the risk of first-trimester spontaneous abortion. *New England Journal of Medicine,* 343(25); 1839-45.

Colin, V. (1996) Human attachment. New York: McGraw-Hill.

Cooper, A.R., & Moley, K.H. (2008). Maternal tobacco use and its preimplantation effects on fertility: More reasons to stop smoking. *Seminars in Reproductive Medicine,* 26, 204-212.

DeCasper, A.J. & Fifer, W.P. (1980). Of human bonding: Newborns prefer their mother's voices. *Science,* 208, 1174-6.

Erikson, E. *Childhood and Society.* New York: WW Norton; 1950.

Freud, A. *The Ego and the Mechanisms of Defense.* New York: International Universities Press; 1966.

Glynn, L.M., Schetter, C.D., Hobel, C.J., & Sandman, C.A. (2008). Pattern of perceived stress and anxiety in pregnancy predicts preterm birth. *Health Psychology.* 27, 43-51Tough & others 2002.

Huizink, A.C., Robles de Medina, P.G., Mulder, E.J., Visser, G.H. & Buitelaar, J.K. (2002). Psychology measures of prenatal stress as predictors of infant temperament, *Journal of American Academic Child Adolescent Psychiatry*, 41, 1078-85.

James, D.K., Spencer, C.J. & Stepsis, B.W. (2002). Fetal learning: A prospective randomized controlled study. *Ultrasound Obstetrics & Gynecology*, 20, 431-8

Johnson, H.L., Erbelding, E.J., & Ghanem, K.G. (2007). Sexually transmitted infections during pregnancy. *Current Infectious Disease Reports, 9,* 125-133.

Lennenberg, E.H. (1967). *Biological foundations of language.* New York: Wiley.

Lewis, M. (1997). *Altering fate: Why the past does not predict the future.* New York: Guilford Press.

Lester, B.M., Tronick, E.Z., LaGasse, L., Seifer, R., Bauer, C.R., Shankaran, S., Bada, H.S., Wright, L. L., Smeriglio, V. L., Lu, J., Finnegan, L.P., & Mazza, P.L. (2002). The maternal lifestyle study: Effects of substance exposure during pregnancy on neurodevelopmental outcome in 1-month-old infants. *Pediatrics,* 110, 1182-1192.

Lecaunet, J.P., Granier-Deferre, C. & Busnel, M.C. (1989). Differential fetal auditory reactiveness as a function of stimulus characteristics and state. *Seminars in Perinatology*, 13, 421-9.

Lonigan, C.J., Carey, M.P., & Finch, A.J., Jr. (1994). Anxiety and depression in children and adolescents: Negative affectivity and the utility of self-reports. *Journal of Consulting and Clinical Psychology*, 67, 374-386.

Luria, A. (1966). *Higher cortical functions in man*. New York; Basic Books.

Martin, R.P., Noyes, J., Wisenbaker, J. & Huttunen, M.O. (1999). Prediction of early childhood negative emotionality and inhibition from maternal distress during pregnancy. *Merrill Palmer Quarterly*, 45, 370-91.

Norgard, B., Puho, E., Czeilel, A.E., Skriver, M.V., & Sorensen, H.T. (2006). Aspirin use during early pregnancy and the risk of congenital abnormalities. American Journal of Obstetrics and Gynecology, 192, 922-923.

Pei, J. R., Rinaldi, C. M., Rasmussen, C., Massey, V., & Massey, D. (2008). Memory patterns of acquisition and retention of verbal and nonverbal information in children with fetal alcohol spectrum disorders. *Canadian Journal of Clinical Pharmacology,* 15, e44-e-56.

Pennington, B.F. (2002). *The development of psychopathology*. New York; Guilford Press.

Piaget J .(2007). *The psychollogy of intelligence*. London and New York: Routledge Classics.

Riegel, K.F. (1978). *Psychology, mon amour: A countertext*. Boston: Houghton Mifflin.

Shea, A.K., & Steiner, M. (2008). Cigarrette smoking during pregnancy. *Nicotine and Tobacco Research,* 10, 267-278.

Skinner, B.F. (1953). *Science and human behavior*. New York: Macmillan.

Smith, L.M., Chang, L., Yonekura, M.L., Gillbride, K., Kuo, J., Poland, R.E., Walot, I., & Ernst, (2001). Brain proton magnetic resonance spectroscopy and imaging in children exposed to cocaine in utero. *Pediatrics, 107,* 227.

Szasz, T., (1974). *The Myth of Mental Illness: Foundations of a Theory of Personal Conduct.* Revised Edition. New York, New York: Harper Collins.

Thomas, A., Chess, S. (1977). *Temperament and Development.* New York: Brunner/Mazel.

Triche, E.W., & Hossain, N. (2007). Environmental factors implicated in the causations of adverse pregnancy outcome. *Seminars in Perinatology,* 31, 240-242.

Vygotsky, L.S. (1978). *Mind in society.* Cambridge, MA: Harvard University Press.

Weiner, C.P., & Buhischi, C. (2009) *Drugs for pregnant and lactating women* 2nd ed.). London: Elsevier.

Weng, X., Odouli, R., & Li, D.K. (2008). Maternal caffeine consumption during pregnancy and the risk of miscarriage: A prospective cohort study. *American Journal of Obstretics and Gynecology,* 198, e1-e8.

www.ingramcontent.com/pod-product-compliance
Lightning Source LLC
Chambersburg PA
CBHW060244290526
45789CB00001B/189